中证中小投资者服务中心
CHINA SECURITIES
INVESTOR SERVICES CENTER

投资者

INVESTOR

第18辑
（2022年5月）

郭文英 主编

法律出版社
LAW PRESS·CHINA
北京

图书在版编目(CIP)数据

投资者. 第18辑 / 郭文英主编. -- 北京 : 法律出版社, 2022
ISBN 978-7-5197-7308-3

Ⅰ. ①投… Ⅱ. ①郭… Ⅲ. ①投资—研究—中国 ②投资—金融法—研究—中国 Ⅳ. ①F832.48 ②D922.280.4

中国版本图书馆CIP数据核字(2022)第217031号

投资者(第18辑)
TOUZIZHE (DI-18 JI)

郭文英 主编

策划编辑 陈 妮
责任编辑 陈 妮 黄 筝
装帧设计 李 瞻

出版发行 法律出版社
编辑统筹 法治与经济出版分社
责任校对 王晓萍
责任印制 吕亚莉
经　　销 新华书店
开本 787毫米×1092毫米 1/16
印张 11.75 **字数** 219千
版本 2022年5月第1版
印次 2022年5月第1次印刷
印刷 天津嘉恒印务有限公司

地址:北京市丰台区莲花池西里7号(100073)
网址:www.lawpress.com.cn
投稿邮箱:info@lawpress.com.cn
举报盗版邮箱:jbwq@lawpress.com.cn
销售电话:010-83938349
客服电话:010-83938350
咨询电话:010-63939796

书号:ISBN 978-7-5197-7308-3
定价:67.00元
凡购买本社图书,如有印装错误,我社负责退换。电话:010-83938349

卷首语

2021 年是"十四五"开局之年,资本市场投资者保护工作面临新挑战、新机遇。中证中小投资者服务中心(以下简称投服中心)作为证监会系统专司投资者保护的证券金融类公益性机构,积极落实 2019 年修订的《证券法》赋予的职责,凝聚各方智慧,开展了第 5 期课题研究,深入探讨投资者保护领域的热点、难点问题。本辑共分为 3 个栏目,收录 11 篇文章,其中包含 8 篇课题研究成果和 3 篇优秀投稿作品。

【理论探究】收录 3 篇文章

清华大学汤欣课题组的《上市公司破产清偿中的投资者保护问题研究——以重整程序中的特别代表人诉讼原告保护为中心》一文着眼于破产重整程序与特别代表人诉讼的交织并行,以投服中心为视角,以破产重整程序为主轴,区分破产重整程序开始前、进程中及终止后的 3 个阶段,聚焦于实践中凸显的 10 个关键要点进行专题研究。

华东政法大学伍坚课题组的《注册制下创业板投资者保护研究》认为,创业板对投资者保护提出了新的挑战,包括准入门槛总体较低、具有更高风险等。文章主要研究了以下几个问题:退市中的投资者保护;信息披露制度的完善;差异化表决安排下的投资者保护;宽严适度的民事责任机制以及民事责任的实现路径。基于我国当前的制度架构和市场现实,该课题组在比较法和实证研究基础上提出了创业板投资者保护的完善建议。

华东政法大学罗培新课题组的《投资者保护视域下的〈公司法〉修订——以优化营商环境为视角》一文以"保护少数投资者"为切入点,从世界银行的《全球营商环境评估报告》中的失分之处出发,结合中国国情,为我国《公司法》提出可供参考的立法建议。首先,文章建议以"董事责任指数"和"股东诉讼便利度指数"两项指标中的

“失分题”为参照,为《公司法》提出可供参考的相关规定。其次,文章对公司组织形态、出资制度、董事信义义务、控股股东责任、反收购条款及关联交易提出法律修改意见。

【市场实务】收录6篇文章

复旦大学许多奇课题组的《操纵证券市场民事赔偿损失认定问题研究》一文基于操纵证券市场民事赔偿责任的理论基础及制度规范,进一步厘清操纵证券市场行为的法律概念范畴,分析操纵证券市场民事赔偿责任的构成要件,比较现有操纵证券市场民事赔偿的计算方法和域外实践,初步构建精细化的损失计算方法。

华东政法大学肖宇课题组的《证券特别代表人诉讼实践若干问题研究》一文认为,我国证券特别代表人诉讼制度是2019年《证券法》增加的强化投资者保护的事后救济措施。最高人民法院司法解释、中国证监会相关规定和投服中心业务规则等文件的出台,为制度的构建和实施提供了具体路径。康美药业案作为制度落地的第一案,为新制度的实践开创了道路。特别代表人诉讼作为我国新的诉讼模式,在理论与实践中仍存在诸多问题有待厘清和解决,文章对该制度在案件选取、投资者范围确定、投资者参与诉讼的激励措施、通知方式、投保机构参与调解、投资者退出权、赔偿金分配、律师激励、与股东代位诉讼的衔接及破产程序的交叉等方面存在的困境进行了分析,提出了完善建议,以期更好地推动证券特别代表人诉讼制度的完善和常态化。

中山大学辛宇课题组的《证券虚假陈述民事赔偿风险认定问题研究》一文提出了“Fama-French三因子模型 + X调整因素”的风险认定方法,首先,基于Fama-French三因子模型估计系统性风险对股票价格的影响;其次,通过识别考察期间的公司个体重大事项来酌情调整非系统风险因素。文章认为,该风险认定方法较好地兼顾了计算逻辑的合理性和计算方法的可操作性,在保证计算结果科学性的前提下能够做到尽量简明易懂,具有较高的可行性。

中国政法大学张子学课题组的《我国机构投资者参与上市公司治理意愿分析与优化建议》通过对我国机构投资者参与上市公司治理的情况和意愿进行调查统计与分析汇总,理清我国机构投资者参与上市公司治理的总体考虑与具体考量,了解影响机构投资者参与上市公司治理的积极因素与消极因素,尤其是对机构投资者通过征集股东权利参与上市公司治理的情况与意愿进行专门的调查分析,并提出监管部门与投资者保护机构指导、引导机构投资者参与上市公司治理的建议。

袁银平的《投资者保护机构股东代位诉讼的主要程序障碍与应对建议》认为，在证券领域，普通投资者提起股东代位诉讼不仅资格受限，其意愿和能力亦不足。2019年修订的《证券法》单独豁免了投资者保护机构这一特殊股东的持股比例和持股期限限制，强化了投资者保护机构的作用和地位。从有效推进诉讼的角度分析，必须解决股东代位诉讼的前置程序、起诉事由、管辖法院、诉讼调解以及与关联诉讼的衔接等一系列程序问题，才能落实好这一具有中国特色的创新性制度，促进公司治理结构改善，维护公司利益，保护投资者合法权益。

黄江东、施蕾的《康美药业证券集体诉讼案简评及展开》认为，康美药业财务造假案影响恶劣、严重损害投资者利益，选择其作为集体诉讼首案有着示范意义。巨额民事赔偿的落地执行有待监管部门、司法机关、投保机构等多方合力。康美药业案对多元化纠纷解决机制的形成及独立董事责任的重塑提出新的挑战。

【投教园地】收录2篇文章

西南财经大学宋全云课题组的《金融素养、投资者权益保护与证券投资行为》一文基于《股东来了》参赛者的问卷调查数据，针对我国证券投资者的金融素养、证券投资行为和权益保护行为展开研究。文章认为，我国政府部门和相关机构应推动投资者教育以引导中小投资者合理参与证券市场投资。同时，投资者教育工作的开展应注意群体针对性，并积极配合问卷调查以优化投资者教育模式、提升培训教育效果。

郭文龙的《证券期货投资者教育基地运营与发展再思考——以北京辖区投教基地为视角》一文认为，中国证监会自启动投教基地建设工作以来，机制体制逐步完善，活动内涵越发丰富，各项工作推进顺利，投教基地在投保工作中发挥着重要抓手作用。2020年年初，人民银行也开始启动“金融消费者教育示范基地”建设工作。投教基地授牌趋势是否收紧、质效是否符合预期、监管方式是否改变，投教基地建设如何推进、如何与金融教育示范基地加强资源共享，有必要总结经验，厘清事实，拓展思路。北京辖区投教基地类型多样，实力雄厚，特色化和差异化运营特点突出，具有高度代表性，可作为研究标本进行解剖。

目　　录

理论探究

上市公司破产清偿中的投资者保护问题研究
——以重整程序中的特别代表人诉讼原告保护为中心
清华大学汤欣课题组　003

注册制下创业板投资者保护研究　华东政法大学伍坚课题组　018

投资者保护视域下的《公司法》修订
——以优化营商环境为视角　华东政法大学罗培新课题组　030

市场实务

操纵证券市场民事赔偿损失认定问题研究　复旦大学许多奇课题组　043

证券特别代表人诉讼实践若干问题研究　华东政法大学肖宇课题组　060

证券虚假陈述民事赔偿风险认定问题研究　中山大学辛宇课题组　079

我国机构投资者参与上市公司治理意愿分析与优化建议
中国政法大学张子学课题组　100

投资者保护机构股东代位诉讼的主要程序障碍与应对建议　袁银平　116

康美药业证券集体诉讼案简评及展开　黄江东　施　蕾　130

投教园地

金融素养、投资者权益保护与证券投资行为　西南财经大学宋全云课题组　143

证券期货投资者教育基地运营与发展再思考
——以北京辖区投教基地为视角 郭文龙 164

征稿启事 173

编辑体例 175

CONTENTS

Theoretical Exploration

Research on Investor Protection in the Bankruptcy Proceeding of Listed Companies
—Focusing on the Plaintiff Protection of the Special Representative Action in Reorganization Proceedings
Tang Xin Research Group of Tsinghua University 003

Research on Investor Protection of Growth Enterprises Market under Registration System
Wu Jian Research Group of East China University of Political Science and Law 018

The Protection of Minority Shareholders in the Context of the Revision of Company Law
—A Perspective Based on Optimizing Business Environment
Luo Peixin Research Group of East China University of Political Science and Law 030

Market Practice

Research on Civil Compensation Loss Identification of Manipulating Securities Market
Xu Duoqi Research Group of Fudan University 043

Research on Legal Issues of Securities Special Representative Litigation
Xiao Yu Research Group of East China University of Political Science and Law 060

Research on the Identification of Riskfor Civil Compensation in Cases of Securities Fraud Xin Yu Research Group of Sun Yat-sen University 079
Analysis and Optimization Suggestions on Institutional Investors' Willingness to Participate in Listed Corporation Governance in China Zhang Zixue Research Group of China University of Political Science and Law 100
Main Procedural Obstacles and Countermeasures of Investor Protection Institutions Shareholder's Derivative Action Yuan Yinping 116
Brief Comment on SecuritiesClass Action of Kangmei Pharmaceutical Huang Jiangdong Shi Lei 130

Investor Education

Financial Literacy, Investor Protection and Behaviors of Security Investment Song Quanyun Research Group of Southwestern University of Finance and Economics 143
Reconsideration on Operation and Development of the Securities and Futures Investor Education Bases —A Perspective Based on Education Bases in Beijing Guo Wenlong 164

Contributions Invited 173
Edit Style 175

理论探究

INVESTOR

上市公司破产清偿中的投资者保护问题研究

——以重整程序中的特别代表人诉讼原告保护为中心

清华大学汤欣课题组*

摘　要:2019年修订的《中华人民共和国证券法》(以下简称2019年修订的《证券法》)第95条第3款下的特别代表人诉讼一旦启动,被告上市公司将可能因高昂的索赔额和其他债务而陷入"资不抵债"的破产状态,从而被法院裁定进入破产重整程序,进而导致特别代表人诉讼程序与破产重整程序的平行交织。破产程序开始以后,原特别代表人诉讼中的原告投资者转化为上市公司破产重整程序中待决债权的债权人,国家设立的投资者保护机构如中证中小投资者保护中心(以下简称投服中心)如何在重整程序中为原告投资者提供持续性保护,成为亟待解决的实践问题。本文着眼于破产重整程序与特别代表人诉讼的交织并行,以投服中心为视角,以破产重整程序为主轴,区分破产重整程序开始前、进程中及终止后的三个阶段,聚焦于实践中凸显的十个关键要点进行专题研究。

关键词:上市公司　破产重整　投服中心　特别代表人诉讼　原告投资者保护

2019年修订的《证券法》第95条第3款下的特别代表人诉讼一旦启动,被告上市公司将可能因为高昂的索赔额和其他债务陷入"资不抵债"的破产状态,从而被法院裁定进入破产程序。从政策指引和统计数据来看,上市公司破产的通行做法是破

---

* 课题组负责人:汤欣,清华大学法学院教授,清华大学商法研究中心主任;课题组成员:陈思含,清华大学法学院硕士研究生;陈一新,清华大学法学院博士研究生;陈骏,清华大学法学院硕士研究生;季婧儿,清华大学法学院硕士研究生;宗玉,清华大学法学院硕士研究生。

产重整。[1] 在特别代表人诉讼程序与破产重整程序交织并行的情况下,国家设立的投资者保护机构,尤其是投服中心,如何在重整程序中持续保护特别代表人诉讼的原告投资者,[2]成为亟待解决的实践问题。本文着眼于破产重整程序与特别代表人诉讼的交织并行,以投服中心为视角、以破产重整程序为主轴,聚焦于实践中凸显的十个关键性制度要点,对上市公司破产重整程序中转化为债权人的特别代表人诉讼原告投资者的保护进行专题研究。应当注意的是,特别代表人诉讼与破产重整程序并行的情形有如下两种:破产重整案件先于特别代表人诉讼受理和特别代表人诉讼先于破产重整案件受理。由于两种情形所带来的实践问题及其应对方案部分重叠,又考虑到特别代表人诉讼在案件遴选方面的现实考量,[3]本文将主要着眼于特别代表人诉讼先于破产重整案件受理的情形,探讨投服中心在上市公司破产重整程序中持续保护原告投资者可能面临的法律问题及相应的解决思路。

在上市公司破产重整程序中,特别代表人诉讼原告投资者保护的前置问题之一是投服中心在破产重整程序中是否有权继续代表原告投资者。对此,比较法上的经验可供借鉴。对于两种程序并行的情形,美国判例法逐渐发展出是否允许诉讼代表延续其代表权的判断规则:在破产重整的语境下对集团诉讼进行检视,例如,如果原告集团在破产程序中仍然满足集团诉讼的构成要求,且延续集团诉讼代表的代表权限不会对破产进程造成拖延,法院将可能延续集团诉讼代表的代表权。[4] 反观中国A股市场,如果针对上市公司的特别代表人诉讼和破产重整程序交织并行,虽然破产程序能够高效地处理大量申报债权,但是,考虑破产法下债权实质公平原则,以及特别

① 政策方面,参见《国务院:关于进一步提高上市公司质量的意见》(国发〔2020〕14号);最高人民法院:《关于审理上市公司破产重整案件工作座谈会纪要》(法〔2012〕261号)。统计数据方面,截至2021年4月底,我国已有超过100家沪深交易所上市公司先后被裁定进入破产程序,其中超过80家上市公司得到受理法院的批准,被裁定进入破产重整程序。参见陈景善、李魏:《上市公司破产重整中出资人权益调整机制之完善》,载《上海政法学院学报(法治论丛)》2021年第4期。另参考金杜法律研究院课题组统计数据,"截至2020年12月31日,自2007年6月1日《企业破产法》正式实施之日起,人民法院已裁定受理重整申请,进入破产重整程序的上市公司共有76家"。金杜法律研究院课题组:《上市公司破产重整实证分析研究》,2020年"上证联合研究计划"法制系列研究报告。

② 原告投资者是特别代表人诉讼语境下的特定称谓,当上市公司被裁定进入破产重整程序后,原告投资者已经转化为破产重整程序中的破产债权人。但出于简便称谓的需要,本报告亦以"原告投资者"指代已转化为破产债权人的原告投资者。

③ 在选案时,由于投资者获得救济和对违法者进行惩戒威慑均建立在投资者实际获得赔偿的基础上,倘若违法者偿付能力有限而案件高度复杂,投服中心付出成本较大,即便案件胜诉也不能实现特别代表人诉讼的制度目的,投服中心应慎重考虑提起该特别代表人诉讼是否符合效率原则。因此,投服中心更可能选择仍在正常运营的上市公司,而非已进入破产重整程序的上市公司作为特别代表人诉讼的被告,以达到合理配置诉讼资源的效率目的。

④ See Jonathan M. Weiss, *Filing and Defending Class Proofs of Claim in Bankruptcy Cases*, California Bankruptcy Journal, Vol. 34, p. 78 – 185(2017); In re Musicland Holding Corp., 362 B. R. 644.

代表人诉讼和破产程序前后衔接可能带来的特殊问题,从原告投资者保护的视角出发,于破产程序中延续特别代表人诉讼中"默示加入、明示退出"的投服中心代表权限有其必要性。首先,延续投服中心的代表权限有助于实现破产法实现实质公平的重要价值,[①]改善破产重整程序中小额债权人的不利地位,令原本小额分散的债权额聚沙成塔,使小额债权人能与控股股东抗衡,与其他大额债权人博弈,显著提升其在重整计划中的谈判和信息获取能力。其次,延续投服中心的代表权限有助于持续改善特别代表人诉讼和破产重整程序衔接时原告投资者重复授权可能带来的效率问题。最后,投服中心作为公益机构,具有较高的专业性,在破产重整程序中代表原告投资者更能充分保护原告投资者利益。

在实现路径上,首先,延续投服中心的代表权限不违反 2007 年《中华人民共和国企业破产法》(以下简称《企业破产法》),且现行规定中,也已有规范明确就大规模侵权纠纷中的债权人代表参与其他程序的代表权作出规定。[②] 其次,在立法论层面,可以参照地区性相关规定,2019 年修订的《证券法》第 95 条第 3 款或《最高人民法院关于证券纠纷代表人诉讼若干问题的规定》(以下简称《代表人诉讼司法解释》)的相应条款,明确授权投服中心代表原告投资者参与破产程序。最后,在解释论层面,可以参照地区性实践经验,以《企业破产法》第 4 条和 2021 年《中华人民共和国民事诉讼法》(以下简称《民事诉讼法》)第 57 条第 1 款为法律依据,由特别代表人诉讼管辖法院在其发布的诉讼权利登记公告中明确记载以下事项:参加本特别代表人诉讼的投资者视为对投服中心进行特别授权,同意该中心有权代表其参与特别代表人诉讼,以及破产重整、破产清算等程序。

前置问题之二是投服中心可能存在的利益冲突。投服中心代表原告投资者参与上市公司破产重整程序可能导致的潜在冲突包括:(1)投服中心因为在破产上市公司中"持股行权"享有的"私益"与投服中心作为特别代表人维护的原告投资者利益之间可能产生的冲突;(2)投服中心通过"持股行权"保护破产公司中小股东的职能与投服中心作为特别代表人维护原告投资者利益的职能之间可能产生的冲突。应当指

---

① 参见王佐发:《上市公司重整中债权人与中小股东的法律保护》,中国政法大学出版社 2014 年版,第 26～27 页。

② 例如,公募基金管理人的代表权限,见《中华人民共和国证券投资基金法》(2015 修正)第 19 条第 11 项规定,"以基金管理人名义,代表基金份额持有人利益行使诉讼权利或者实施其他法律行为";又如,资管产品管理人的代表权限,详见《证券期货经营机构私募资产管理业务管理办法》第 11 条第 8 项规定"以管理人名义,代表投资者利益行使诉讼权利或者实施其他法律行为";等等。

出,首先,"私益"冲突不足为虑。投服中心行使"持股行权"职能仅需持有相关上市公司的一手股票,"私益"较少。此外,投服中心是保护中小投资者利益的公益机构,亦不具有为其"私益"损害原告投资者利益的动机。[①] 其次,同时代表中小股东和原告投资者的投服中心因履行职能存在利益冲突的可能性较小。这是因为中小股东和原告投资者在相关公司破产重整程序中的主要利益具有一致性,均有抗衡大额债权人和控股股东的机会主义乃至不法行为的主动性。[②]

当然,利益冲突并非绝对不存在,如果个案中产生了现实的利益冲突,投服中心应当优先考虑原告投资者的利益。这是因为投服中心通过"持股行权"维护破产公司中小股东利益的最佳方式是后续提起公司法上的股东代表诉讼,追究从事违法行为的控股股东等"关键少数"的责任,[③]而非在破产程序中为中小股东争取利益。此外,相较于作为破产公司出资者的中小股东,原告投资者的利益诉求存在债权数额的限制,利益受损亦与破产上市公司的违法违规行为具有直接因果关系,保护原告投资者利益更具有正当性。

前置问题之三是上市公司在拟申请破产重整时是否负有通知投服中心的义务。首先,既有规定均未要求相关上市公司提前通知投服中心,通知投服中心的时点应当为公司董事会作出向法院申请重整的决定时,或者公司知悉债权人向法院申请重整时。[④] 其次,提前通知投服中心可能存在以下理论障碍:(1)作为原告投资者代表的投服中心与上市公司处于民事程序两造的平等地位;(2)在重整前的沟通阶段中,诸多事项的不确定性较强;(3)上市公司的风险提示、业绩预告和定期报告足以给投服中心提供警示性信息。不过,根据2012年最高人民法院《关于审理上市公司破产重整案件工作座谈会纪要》第3条第2款的规定,直接管理投服中心的中国证监会将在

---

① 参见罗培新、丁勇:《赋予投服中心特殊权利的法理基础及制度设计》,载郭文英主编:《投资者》第5辑,法律出版社2019年版。

② 对于债权人,有学者指出,债权清偿比例过低通常只是债权人异议的表面原因,债权人提出异议的根本原因是公司控制权人的不当行为未得到相应惩罚。参见许德风:《破产法论:解释与功能比较的视角》,北京大学出版社2015年版,第479页。对于中小股东,有学者指出,投服中心"持股行权"的主要意图是以保护投资者之名行权防止控制权人的不当行为。参见方乐:《投服中心持股行权的限度研究——兼议比例原则的适用》,载《中国政法大学学报》2021年第2期。

③ 参见鲁小木、夏雯雯:《投资者保护机构在中国式证券集体诉讼的主体构想》,载郭文英主编:《投资者》第9辑,法律出版社2020年版。

④ 参见《上海证券交易所股票上市规则》第7.5.4条;《深圳证券交易所股票上市规则》第7.5.4条。

破产重整申请提出之前得知相关信息。[①] 据此，相关公司无须提前知会投服中心，建议由证监会在恰当的时点通知投服中心。

破产重整程序开始后面临的第一个问题是，特别代表人诉讼未决债权的确认与债权额的临时确定。首先，在特别代表人诉讼未决债权的确认方面，从债权审查（核查）主体及债权确认制度的目的出发，特别代表人诉讼债权不被确认的风险较低。在债权确认程序中，有权实质审查（核查）破产债权的主体限于破产管理人和债权人会议。债权人会议享有实质核查权并无争议。破产管理人应当享有实质审查权，该权力源于破产管理人负有的实现破产债务人财产最大化的勤勉义务，临时确定债权额等制度也要求破产管理人享有实质审查权。[②] 法院则仅享有形式审查并确认破产债权的权力。[③] 破产管理人和债权人会议对债权进行实质审查（核查）的目的是确认债权的真实性，即债权是否存在，[④]债权数额的大小由债权人及债务人异议制度和临时确定债权额制度解决。

根据上述分析，在破产管理人和债权人会议对债权进行实质审查（核查）时，特别代表人诉讼债权的真实性有强有力的证据支撑，不被确认的风险较低。这是因为根据《最高人民法院关于证券纠纷代表人诉讼若干问题的规定》第5条的规定，特别代表人诉讼事实上仍保有行政处罚决定、刑事裁判文书、纪律处分措施的“前置程序”，[⑤]投服中心的选案标准亦强调涉案上市公司应当已经受到行政处罚或刑事制裁。[⑥] 此时，参照2019年《全国法院民商事审判工作会议纪要》（以下简称《九民纪要》）第85条的规定，“前置程序”意味着上市公司虚假陈述行为的重大性已然确定，

---

① 最高人民法院《关于审理上市公司破产重整案件工作座谈会纪要》第3条第2款规定：“申请人申请上市公司破产重整的，除提交《企业破产法》第八条规定的材料外，还应当提交关于上市公司具有重整可行性的报告、上市公司住所地省级人民政府向证券监督管理部门的通报情况材料以及证券监督管理部门的意见、上市公司住所地人民政府出具的维稳预案等。上市公司自行申请破产重整的，还应当提交切实可行的职工安置方案。”

② 例如，《浙江省律师协会破产案件中债权申报及审查流程参考》第四部分第3条规定，破产管理人应当对债权是否存在，债权性质如何以及债权数额多少等内容向法院提出书面意见，这亦要求破产管理人先行对拟临时确定债权额的申报债权进行实质审查。

③ 参见赵卫平、李春：《从新破产法谈破产债权审查确认程序的完善》，载王欣新、郑志斌主编：《破产法论坛》第3辑，法律出版社2009年版；贺丹：《有争议破产债权的确认——兼论我国新〈企业破产法〉的完善》，载《甘肃政法学院学报》2008年第5期。

④ 参见陈晓君、郝振：《破产程序中债权人代位权的行使》，载《人民司法》2021年第7期。

⑤ 有学者认为，《最高人民法院关于证券纠纷代表人诉讼若干问题的规定》第5条的规定意味着特别代表人诉讼事实上仍然保留了“前置程序”。参见蔡伟等：《新〈证券法〉投资者保护机制实施的“中国问题”》，载《地方立法研究》2021年第4期。

⑥ 根据投服中心《特别代表人诉讼业务规则（试行）》第16条第1款的规定，有关机关作出行政处罚或刑事裁判是投服中心提起特别代表人诉讼的必要条件。

侵权事实存在几无争议。然而,虽然特别代表人诉讼未决债权不被确认的风险较小,债权额的申报仍值得注意。例如,如果上市公司的控股股东、实际控制人和证券公司已经对原告投资者进行先行赔付,投服中心应当按照先行赔付后未获清偿的剩余债权额申报其债权。

值得一提的是,虚假陈述纠纷的法定连带责任规则并不会对特别代表人诉讼债权的确认造成影响。如果连带债务人仅仅清偿了部分特别代表人诉讼债权,无须对原申报债权额进行调整;如果原告投资者最终获得了超出债权总额的清偿额,则其需要向破产的上市公司返还不当得利。① 如果部分连带债务人全额清偿了特别代表人诉讼债权,原告投资者不应当再获得破产清偿,既已清偿全部债权的连带债务人有权代替原告投资者在破产程序中受偿。②

其次,特别代表人诉讼债权还可能面临如何临时确定债权额的问题,特别代表人诉讼债权较有可能被列为暂缓确认债权,从而不会进入债权确认程序,即便特别代表人诉讼未决债权经过了债权确认程序的重重关卡,其他债权人、债务人亦可能对该债权提出异议。在前述两种情形下,法院可以为投服中心代为行使债权人会议上的表决权之需临时确定债权额。③ 但是,2007年《企业破产法》与临时确定债权额的申请主体、依据标准、考虑因素、信息披露等相关规则仍有待完善。

对于前述问题,建议完善2007年《企业破产法》临时确定债权额的相关规则。在2007年《企业破产法》的框架下,建议就临时确定债权额细化安排如下:其一,投服中心等债权人作为申请主体。在2007年《企业破产法》未明确规定的情况下,允许投服中心等债权人享有申请法院临时确定债权额的权利符合私法上"法无禁止即可为"的原则,亦可以作为破产管理人申请的有益补充。投服中心可以通过提出书面意见和相关证据的方式,向法院申请临时确定债权额。④ 其二,以债权评估额作为依据标准。临时确定债权额将不可避免地涉及未确定债权的债权人、其他债权人和债务人之间

---

① 参见许德风:《破产中的连带债务》,载《法学》2016年第12期。

② 例如,《最高人民法院关于适用〈中华人民共和国民法典〉有关担保制度的解释》第23条第2款明确规定:"担保人清偿债权人的全部债权后,可以代替债权人在破产程序中受偿。"

③ 参见最高人民法院民事审判第二庭编著:《〈全国法院民商事审判会议纪要〉理解与适用》,人民法院出版社2019年版,第560页。

④ 司法实践已有类似做法。例如,《四川省高级人民法院关于审理破产案件若干问题的解答》(川高法〔2019〕90号)规定:"债权尚未确定的债权人,可以自己申请或通过管理人申请人民法院为其行使表决权而临时确定其债权额。"

的利益冲突,根据债权实质平等原则,[①]法院临时确定债权额时以债权评估额作为依据标准较妥当。借鉴比较法规则,在进行债权评估时,投服中心可以考虑以下三条路径:(1)在特别代表人诉讼中推动与债权人之间的和解,初步拟订和解草案,并建议法院参考强制和解评估模式,依据和解金额对特别代表人诉讼未决债权进行估值。[②](2)建议法院委托第三方专家对破产债权进行评估,防止过分拖延破产程序。[③](3)建议法院或第三方机构参考折现值评估模式,先行假设并估计在未进入破产程序时,涉案上市公司虚假陈述民事责任纠纷的原告胜诉率,以该胜诉率为折现率对个案中投服中心主张的债权额进行折现。[④] 考虑个案的特殊性,可以通过经典贝叶斯模型对胜诉率进行更精确的测算。[⑤] 其三,在临时确定债权额时,法院应当遵循及时确定原则和形式审查原则。[⑥] 其四,向债权人披露相关信息,以提供债权人保护。相较赋予破产债权人听证权的方案,向债权人披露临时确定债权额相关信息的方案更加恰当,这有助于避免听证权方案与破产程序外的特别代表人诉讼发生冲突,亦能通过信息披露赋予权益受到影响的破产债权人知情权,帮助其获得决策所需的完整信息。

破产重整程序开始后面临的第二个问题是特别代表人诉讼管辖法院与破产法院的管辖协调。首先,关于指定管辖。在破产重整案件先于特别代表人诉讼受理的情况下,特别代表人诉讼应当适用2007年《企业破产法》第21条和《最高人民法院关于适用〈中华人民共和国企业破产法〉若干问题的规定(二)》第47条的“指定管辖”规则。梳理我国适用“指定管辖”规则的地方性司法文件和司法判例可知,在指定管辖时,我国司法实践更强调结合具体案情进行判断,对特别代表人诉讼等程序和事实高度复杂、关切利益特殊性较高的案件,上级人民法院更可能将特别代表人诉讼指定给

---

① 债权实质平等原则要求“把破产看作是每个交易当事人都要承受的后果,各债权人应当平等承受,防止资力或能力强大的债权人以损害弱小的债权人为代价获取额外优势”。许德风:《破产法论:解释与功能比较的视角》,北京大学出版社2015年版,第84页。

② David S. Salsburg & Jack F. Williams, *A Statistical Approach to Claims Estimation in Bankruptcy*, Wake Forest Law Review, Vol. 32:4, p. 1133 (1997).

③ See R. Spencer Clift, *Should the Federal Rules of Bankruptcy Procedure Be Amended to Expressly Authorize United States District and Bankruptcy Courts to Appoint A Special Master in an Appropriate and Rare Bankruptcy Case or Proceeding?*, University of Memphis Law Review, Vol. 31:2, p. 371 (2001).

④ 在美国司法实践中,法院多采用该估值方法。See 146 B. R. 748, 753 - 754 (Bankr. N. D. Ⅲ. 1992); 170 B. R. 503, 521 - 522 (Bankr. E. D. N. Y. 1994); 191 B. R. 976, 982 (Bankr. S. D. N. Y. 1996).

⑤ David S. Salsburg & Jack F. Williams, *A Statistical Approach to Claims Estimation in Bankruptcy*, Wake Forest Law Review, Vol. 32:4, p. 1147 (1997).

⑥ 参见张善斌主编:《破产法实务操作105问》,武汉大学出版社2020年版,第153页;黄中梓、方海峰:《企业破产清算中临时确定债权额制度之完善》,载王欣新、郑志斌主编:《破产法论坛》第16辑,法律出版社2020年版。

专属管辖法院,而非破产法院管辖。[①] 例如,美国法的处理方案是,如果破产重整案件先于破产并行诉讼[②]受理,原则上会将并行诉讼交予破产法院管辖,但如果案件审理可能涉及美国《证券法》等监管法规或影响州与州之间的商业活动,[③]地区法院将会进行“实质性和重大性”测试,[④]考虑是否撤回破产法院对并行诉讼的管辖权。判例法中,亦有法院结合案情和集团诉讼的特质,衡量不同法院处理集团诉讼的熟悉程度,最终认为集团诉讼应由对相关程序更熟悉的地区法院审理的判例。[⑤] 综上,上级法院在适用“指定管辖”规则时,应当将案件的具体情况作为指定管辖的标准,基于实质案件审理内容难度、专业度、前期法院投入程度等作出指定。

其次,关于当特别代表人诉讼管辖法院和破产法院并非同一法院,甚至分属不同省市法院管辖时,法院间如何管辖协调的问题。以其他类型专属管辖案件与破产程序并行的实践方案、上市公司破产重整的府院联动机制和会商机制为借鉴,法院间应建立沟通机制,相互了解各自案件的审理进展,并及时告知当事人相关的权利义务。[⑥] 代表人诉讼管辖法院应在查明侵权事实的基础上及时与破产法院沟通,立足制度设计的初衷,有效地向破产法院传达原告投资者在代表人诉讼程序中的诉求及与程序进展相关的最新信息,促进破产重整程序的有效开展。破产法院在沟通中也应充分理解代表人诉讼的具体安排与保护原告投资者的制度初衷,积极推进法院之间的沟通。同时,法院应充分利用上市公司破产重整的府院联动机制和会商机制,尝试建立司法协作联席会议、协作办公室、联合工作小组等作为联络和议事机构。[⑦] 在府院联动机制和会商机制中,建议投服中心加强与证监会间的信息沟通,推动会商机制顺利开展;畅通投资者发声和知情渠道,促进府院联动和法院间的管辖协调,以更好地保

---

① 参见翔源船舶诉腾龙芳烃案,最高人民法院(2018)最高法民辖170号民事裁定书;安通物流诉万丰国际案,最高人民法院(2020)最高法民辖88号民事裁定书;庄某某诉祥源船舶案,广东省高级人民法院(2017)粤民辖12号民事裁定书;信宜市农村信用合作联社诉大晟新能源案,广东省高级人民法院(2017)粤民辖126号民事裁定书;赵某某诉唐山言鼎海运有限公司、广西新闻航海运有限责任公司案,广西壮族自治区高级人民法院(2019)桂民辖24号民事裁定书;亿阳集团诉纳斯特案,广东省高级人民法院(2019)粤民辖终324号民事裁定书;华东生诉新闻航海案,广西壮族自治区高级人民法院(2020)桂民辖227号民事裁定书。

② 与破产案件密切相关的破产并行诉讼,一般是指破产企业作为一方当事人、以实体权利义务纠纷为内容的民事诉讼,并行诉讼并不仅限于破产后提起的相关诉讼,而包括破产申请受理时已经开始而尚未审结的、和破产申请受理后新提起的与破产企业相关的民事诉讼。参见梁闽海、陈长灿:《论破产衍生诉讼的审判方式——以适度强化的职权主义审判方式为视角》,载《法学》2011年第2期。

③ 28 U.S.C. §157(d).

④ See In re Camden Ordnance Mfg. Co. of Arkansas, Inc., 245 B.R. 794, 805-806 (E.D. Pa. 2000).

⑤ See Mulone v. Norwest Financial California, Inc., 245 B.R. 389, 400 (E.D. Cal. 2000).

⑥ 参见钱桂芳:《破产企业所涉知识产权纠纷的管辖冲突》,载《人民司法》2011年第3期。

⑦ 吴磊:《跨区域司法协作的“四个维度”》,载《人民法院报》2020年3月12日,第8版。

护原告投资者利益。

破产重整程序开始后面临的第三个问题是投服中心作为破产公司债权人委员会的委员履职。首先,投服中心作为债委会委员具有合理性和合法性。合理性体现在:(1)特别代表人诉讼债权在破产债权中具有特殊性,其债权数额很有可能远大于普通侵权债权,债权背后的法益具有超出个体一般法益集合的公益性和社会性;[①](2)债委会的特殊职权有助于投服中心充分实现保护投资者权益的宗旨,[②]投服中心的专业能力亦有助于提高债委会的专业性,能更好地维护债权人权益。[③] 在合法性方面,2017 年《企业破产法》尚无投服中心担任债委会委员的直接法源依据。[④] 从长远来看,修订 2017 年《企业破产法》的相关条款具有必要性。在 2017 年《企业破产法》的框架下,合法性依据可以经由 2017 年《企业破产法》第 67 条第 1 款规定的"债权人代表"的扩张解释获得。扩张解释的依据在于,令投服中心作为原告投资者这类债权人的代表担任债委会委员,既有助于实现债权实质平等原则,保障破产债权人利益,也有助于实现特别代表人诉讼对于中小股东的保护目的。此外,对"债权人代表"进行扩张解释亦未超出此术语的文义射程。

其次,投服中心作为债委会委员的具体职责及其履职。破产程序中债委会职责主要包括监督权、债权人会议的提议召开权和知情权,但监督权制约较多。[⑤] 债委会还有促进实现债权人会议内部协调的职能。[⑥] 建议《企业破产法》未来细化债委会委员职责相关规定,扩大债委会监督权和知情权的范围,并增列其参与制定重整计划的权限。

但是,投服中心担任债委会委员可能面临以下质疑:(1)投服中心作为债委会委

---

① 例如,2021 年 11 月,首例特别代表人诉讼案康美药业案判决落地,判决金额将近人民币 25 亿元。

② 参见王欣新:《破产法》,中国人民大学出版社 2019 年版,第 250 页。

③ 有学者指出,投服中心自成立以来即立足于投资者维权支持诉讼、持股行权、纠纷调解等方面开展工作,在示范引领中小投资者维权领域经验丰富,具有较好的专业水准。参见陈洁:《证券纠纷代表人诉讼制度的立法理念与制度创新》,载《人民司法》2020 年第 28 期。

④ 2007 年《企业破产法》第 67 条第 1 款规定,"债权人会议可以决定设立债权人委员会。债权人委员会由债权人会议选任的债权人代表和一名债务人的职工代表或者工会代表组成。债权人委员会成员不得超过九人。"学界一般认为,《企业破产法》下的"债权人代表"自身应当是破产债权人,是经由债权人会议选任出来的全体债权人的代表。参见金春:《破产企业董事对债权人责任的制度建构》,载《法律适用》2020 年第 17 期;李宏伟:《我国构建个人破产制度的现实困境与法治对策》,载《中州学刊》2019 年第 11 期;浙江省杭州市余杭区人民法院课题组、罗鑫:《涉房破产企业在建工程续建的困境与解决方法的探索》,载《法律适用》2016 年第 3 期。

⑤ 参见 2007 年《企业破产法》第 68 条、第 69 条及《最高人民法院关于适用〈中华人民共和国企业破产法〉若干问题的规定(三)》第 15 条。

⑥ 参见周荆、张君:《论债权人会议对债权人委员会的适度授权》,载王欣新、郑志斌主编:《破产法论坛》第 6 辑,法律出版社 2011 年版,第 392 ~ 394 页。

员负有实现全体债权人利益最大化的职责,作为原告投资者代表则负有最大化原告投资者利益的职责,两者之间可能存在利益冲突;(2)投服中心的官方背景对其履职独立性可能产生影响;(3)原告投资者缺乏对投服中心的约束机制。[①] 对此,投服中心可以进一步细化在破产重整程序中担任债委会委员的内部规范,借鉴破产法自行管理债务人制度,正视并根据角色定位明确自身勤勉尽责义务,[②]同时,细化以下方面的具体规定:(1)借鉴公司法中董事制度,投服中心参与债委会工作相关人员存在利益冲突的,或投服中心在履职时涉及利益冲突表决事项的,应当回避;[③](2)参与债委会履职的投服中心相关单位和个人知悉特别代表人诉讼或破产程序未公开信息的,应当负有保密义务,执行内幕信息知情人登记管理及保密制度,不得泄露或利用该信息。[④] 此外,可以依托信息化手段对原告投资者披露相关信息,对破产重整程序中可能涉及投资者重要利益且不违反保密要求的事项,借助信息化技术手段或者公开平台通知投资者,便于被代表的投资者持续了解破产程序的进展情况。[⑤]

破产重整程序开始后面临的第四个问题是原告投资者的重整计划表决事项退出权。“默示加入”特别代表人诉讼的原告投资者在解释论上应被认为已授权投服中心在破产重整程序中代表其行使权利,原则上不享有破产重整程序的退出权。但对于破产重整计划表决等重大权利处分事项,尚不应当全面否定原告投资者退出权的存在,否则有失程序正义。在是否赋予退出权方面,可以以原告投资者是否受全额现金清偿作为是否赋予其退出权的标准:受全额现金清偿的原告投资者在任何情况下都不应享有退出权,因为其权益未在重整计划中受到削减;未受全额现金清偿的原告投

---

① 沈伟、林大山:《激励约束视角下的特别代表人诉讼制度——以新〈证券法〉为背景》,载黄红元、蔡建春、卢文道主编:《证券法苑》第 31 卷,法律出版社 2021 年版,第 376～377 页。

② 自行管理债务人制度指由债务人负责重整期间的企业管理和营业事务执行的模式。债务人在履行部分破产管理人职责时,对全体债权人负有勤勉尽责义务,但同时其亦存在“私益”,作为企业保留的原管理层对股东负有勤勉尽责义务,多重身份使债务人在管理过程中不可避免地存在潜在利益冲突。对于自行管理债务人制度下的利益冲突,学者认为首先应明确自行管理债务人在不同情形下的勤勉尽责义务。在明确勤勉尽责义务之后,应细化债务人和管理人行使管理人职权的范围。参见郑伟华:《重整程序债务人自行管理模式下的职权义务》,载《人民司法》2020 年第 34 期。

③ 例如,《中华人民共和国公司法》第 124 条、《上市公司章程指引》(2019 年修订)第 79 条等即对关联董事、关联股东在决议中回避表决作出规定。

④ 比较法上存在破产法院一般性地要求债委会中的债权人不得披露其在债委会期间因职权便利获得的债务人非公开信息。See In re Federated Department Stores, Inc., No. 1 - 90 - 00130, 1991 Bankr. LEXIS 288, 2 - 3 (Bankr. S.D. Ohio. 1991).

⑤ 比较法上如美国《破产法典》§ 1102(b)(3)条款即规定了债委会委员对债权人的信息披露义务,该规定要求债委会必须向债委会委员之外的债权人提供获知信息的途径,征询与收集他们的反馈意见。See 11 U. S. Code § 1102 (3).

资者可以被赋予重整计划退出权，以此作为在权益因重整计划受到削减时，其向法院表达异议的渠道。[①]

在退出权的行使上，鉴于破产重整程序的效率原则，由于对重整计划持有异议的原告投资者直接向法院申请退出在破产重整程序中不具有可操作性，[②]建议由异议投资者向投服中心发出投票指令的方式变通实现“退出”。由于重整计划退出权的表现形式仅是自行表决投票，即作出赞成、反对或弃权的意思表示，投服中心可以在债权人会议发布待决重整计划草案时，以公告形式表明其拟投票的方向（赞成、反对或弃权），除债权已受全额现金清偿者外，有异议的原告投资者均可以在一定期间内向投服中心发出投票指令，由投服中心在异议人数及其所占债权额比例范围内，根据其投票意向进行“分割”投票。

破产重整程序开始后面临的第五个问题是特别代表人诉讼债权的清偿。首先，仍然持有破产上市公司股票的原告投资者不适用股东债权衡平居次原则。这是因为股东债权衡平居次原则的目的是防止权利滥用，防止其他债权人合法权益受损以及股东的不公平获利，而非防止受欺诈投资者获得救济。[③]

其次，不宜提高特别代表人诉讼债权的清偿顺位。这是因为提高特别代表人诉讼债权的清偿顺位可能存在以下理论障碍：(1)特别代表人诉讼债权优先于担保债权清偿将会大幅度提高信贷成本，徒增企业融资壁垒；[④](2)如果特别代表人诉讼债权优先于普通债权清偿，其他普通债权人的合法权益将会受损，因为在这种情况下，普通债权人很可能在签订交易合同时竞相要求债务人提供财产担保，大幅增加日常经营的交易成本；[⑤](3)虽然特别代表人诉讼债权本质上是侵权之债，但作为财产性侵

---

① 司法实践中往往对小额债权人进行全额支付，这同样是因为，只要小额债权人的权益没有受到削弱，就可以避免向他们征求关于重整计划的意见。参见丁燕：《上市公司破产重整计划法律问题研究：理念、规则与实证》，法律出版社2014年版，第106页。

② 虽然法律没有明确规定重整计划的表决期限，一旦计划草案被提交到债权人会议进行表决，实践中从投票开始到截止的时间可能极其短暂，例如，在康美药业案中，债权人会议的召开时间为11月15日，投票截止时间为11月19日，中间仅间隔4天。在这一时限内，如果沿用特别代表人诉讼中退出权的行使方式，即由异议原告投资者自省向法院提出申请，势必会打乱程序安排，拖延重整进程。

③ See Pepper v. Litton, 308 U. S. 295, [1998] AC 298 and (2007) 232 ALR 232.

④ 以我国设置的优先于物保债权受偿的劳动债权和建筑工程款债权为例，二者对物保债权的干预效果普遍不佳。参见冯辉：《破产债权受偿顺序的整体主义解释》，载《法学家》2013年第2期。

⑤ 参见韩长印、韩永强：《债权受偿顺位省思——基于破产法的考量》，载《中国社会科学》2010年第4期。

权之债,该债权在众多侵权之债中并不一定具有清偿上的急迫性。①

最后,投服中心可以采取以下三种技术性方法,以提高原告投资者获赔比例:(1)以2017年《企业破产法》第82条第2款设置小额债权组的规定为依据,参考实践案例,设计单列一组清偿比例高于普通债权人分组的高比例清偿方案,或与普通债权人同组,组内根据债权额大小分段递减清偿额的清偿方案。②(2)对特别代表人诉讼侵权债权设计差异性的清偿方案。合同债权人和侵权债权人处于不同的地位,应当适用不同的赔偿方式。③投服中心可以建议法院将低风险资产分配给侵权债权人,将高风险资产分配给抗风险能力较强的合同债权人,或建议法院以现金作为特别代表人诉讼小额债权的清偿对价,以相关公司股份或其他混合手段作为大额债权的清偿对价。(3)在司法程序之外,利用现行的行政和解制度(或称行政执法当事人承诺制度),通过完善民事赔偿责任优先原则的方式提高投资者的偿付比例。④为此,建议修订《证券法》,规定"政府的罚没收入按照法律规定优先用于承担民事赔偿责任的,应当暂缓入库;已经缴入国库的,应当予以回拨"。

破产重整程序开始后面临的最后一个问题是特别代表人诉讼的调解、和解。首先,关于调解、和解权限。尽管《代表人诉讼司法解释》第7条第2款未明确列举投服中心的和解权限,但该条款中列示的代表人诉讼权限范围中的"等"字应理解为"等外等",与被告和解的权利暗含在第7条第2款对投服中心的特别授权中。不过,在特别代表人诉讼中适用调解、和解制度尚需具备可操作性的细化规定提供指引。

其次,关于调解、和解的动机和时机。投服中心和破产上市公司均有动机在特别代表人诉讼中选择和解、调解。投服中心有意防范未决诉讼债权导致的上市公司偿付困境,避免法院不予临时确定债权额或确定数额过低的情况。上市公司则有意高效引进战略投资者、降低诉讼成本和尽早确定提存数额。此外,降低破产重整公司退市风险,防止出现公司重整计划无法推进、原告投资者偿付比例下降的风险,规避公司失去"壳资源"、价值下降、经营前景堪忧的风险对投服中心和上市公司来说亦十分

---

① 侵权债权包括人身性债权和财产性债权,我国学者提出,大规模人身侵权债权更具紧迫性,该类债权很可能涉及受害者的"救命钱",对社会利益有更为重要的影响。参见王欣新、乔博娟:《论食品安全领域大规模人身侵权债权在破产程序中的清偿顺位》,载《法治研究》2013年第11期。

② 参见韩长印:《从分组到分段:重整程序中的小额债权清偿机制研究》,载《法学》2019年第12期。

③ 参见王佐发:《上市公司重整中债权人与中小股东的法律保护》,中国政法大学出版社2014年版,第52页。

④ 我国早已在《证券法》第220条确立民事赔偿责任优先的原则。国内有学者指出了这一原则实施的现实困境,由于民事赔偿诉讼审理及执行效率低下,行政罚款、刑事罚金等在民事诉讼结束时早已上缴国库,投资者即使胜诉也难有收获。参见陈洁:《证券民事赔偿责任优先原则的实现机制》,载《证券市场导报》2017年第6期。

重要。[1] 结合前述动机，在部分被告提出以减少赔偿金额换取及时赔付时、原告方存在举证困难时、[2]特别代表人诉讼过分拖延可能导致重整程序中原告投资者合法权益受损时，或债权额已获得法院或第三方机构的评估结论时，投服中心应当积极寻求特别代表人诉讼的调解或和解。同时，投服中心应当关注调解、和解方案公开后原告投资者声明退出的情况。[3]

复次，关于调解、和解程序的完善。调解、和解结果是在当事人双方之间达成的，相较于法院判决而言，其透明度较低，较难获取投资者的信任。对此，投服中心可通过若干方式提升调解、和解的程序透明度并强化其结果正当性，如完善对原告投资者的通知方式、提供适当指导、设置相应答疑渠道、在制作调解或和解协议的过程中听取原告投资者的意见等。

最后，虽然和解、调解可能导致法院为特别代表人诉讼临时确定的债权额与调解协议最终确定的清偿额之间存在差距，但基于以下两点考量，清偿额的变化不应对已经完成的破产程序造成影响：一方面，重整计划分组表决和法院强裁的规则使清偿额的变化不会对重整程序造成重大影响。重整计划表决不是简单多数决原则，而是分组表决原则，某些债权人债权份额的调整并不会影响重整计划的通过。即便未确定债权的最终确认额度高于临时确定的债权额，以至于该债权人有能力对重整计划投出否决权票，该否决票也仅会影响该债权人所在的表决组，只要分组表决时有一组债权人表决通过了重整计划，人民法院就拥有强裁的权力。[4] 另一方面，如令重整程序重新开始，债权人会议需要重新达成相关决议，这会造成资源的巨大浪费，降低企业“重生”的可能性。[5]

破产重整程序终止后面临的主要问题是特别代表人诉讼债权的后续偿付。应当注意，破产重整程序的终止和终结并不相同，破产重整程序的终止时点是法院裁定批

---

① 从我国实践情况来看，双控人、管理层和外部投资者都很难从退市的上市公司获得任何好处。参见张跃文：《上市公司“退市难”的利益动机》，载《金融评论》2020年第3期。

② 参见肖宇、朱纯烨：《证券集团诉讼和解与调解制度研究》，载黄红元、蔡建春、卢文道主编：《证券法苑》第30卷，法律出版社2020年版，第17页。

③ 例如，德国《投资者示范诉讼法》第17条规定，“声明退出的诉讼参加人低于百分之三十的，和解经确认即生效”，亦即，如果声明退出者达到总人数的30%，则和解不生效。参见上海市第一中级人民法院课题组、汤黎明：《德国〈投资者示范诉讼法〉译文》，载《投资者》第3辑，法律出版社2018年版。这一制度的逻辑在于，如果调解或和解中声明退出的原告投资者比例较大，说明这一调解或和解方案未能妥善保障原告投资者的利益，难以得到支持。

④ 参见张善斌主编：《破产法实务操作105问》，武汉大学出版社2020年版，第153页；《四川省高级人民法院关于审理破产案件若干问题的解答》（川高法〔2019〕90号）第5条第2款。

⑤ 参见刘宁、贾洪香：《重整计划执行阶段若干法律问题探讨》，载《中国律师》2009年第9期。

准破产重整计划,破产重整程序的终结时点则是重整计划执行完毕。① 在重整计划执行完毕后,破产债权人不得再对破产债务人主张任何权利。② 因此,应当设计在破产重整程序终止后、终结前提高受偿比例的机制,以实现原告投资者利益的最大化。

对此,提出以下两种解决方案:其一,鉴于法律未规定债权人会议通过重整计划的时限,③投服中心可以出于保护投资者利益且兼顾重整计划效率的需要,申请债权人会议对相关表决事项延期表决。该方案的可行性在于,实践中已有地方法院对延期表决作出明确规定;合理性在于,延期表决既符合特别代表人诉讼保护原告投资者利益的制度初衷,也更符合债权实质平等原则,能够避免出现临时确定债权额较大时,侵害其他小额债权人的意思自治,或者临时确定债权额较小时,投服中心无法充分行权体现原告投资者的意志的情况。当然,即便允许对相关事项延期表决,该延期也应当进行时限控制,必须依据效率原则,结合个案情形具体确定。④ 从长期来看,可以修订《企业破产法》相关规则,对延期表决进行细化规定。

其二,借鉴破产法实践和康美药业案例中的破产重整计划,⑤在重整计划中设置信托基金方案,以实现重整程序终止后对于原告投资者公平的持续偿付。⑥ 信托基金方案的设计尤其需要重视如下方面:(1)以《中华人民共和国信托法》为法律依据。(2)信托基金的委托人为破产重整债务人公司,受托人为持牌信托公司,受益人为所有破产债权人或无法获取完全现金清偿的破产债权人。信托公司作为受托人,有权从重整上市公司处获得财产,并以名义所有人的身份,根据信托基金设立之目的,为

① 参见许德风:《破产法论:解释与功能比较的视角》,北京大学出版社 2015 年版,第 504 页。

② 参见许德风:《破产法论:解释与功能比较的视角》,北京大学出版社 2015 年版,第 506 ~ 507 页。

③ 2007 年《企业破产法》仅对以下四个重整程序的期限作出限制性规定:债务人或管理人在裁定进入重整程序后提交重整计划草案的期限、人民法院在接收重整计划草案后召开债权人会议的期限、债务人或管理人在债权人会议表决通过重整计划后提出重整计划批准申请的期限、人民法院收到重整计划批准申请后裁定批准重整程序的期限。

④ 迟滞的破产重整程序将可能导致债务人企业的营运价值、客户资源丧失,降低债权人对管理人、债务人的信任度,影响潜在战略投资者的投资意愿。为提升效率,《最高人民法院关于推进破产案件依法高效审理的意见》(法发〔2020〕14 号)提及,"将推进破产案件依法高效审理贯穿于促进市场主体积极拯救和及时退出等过程中,以更好地服务和保障国家经济高质量发展,助推营造国际一流营商环境。"

⑤ 目前的上市公司破产重整实践已经证明,信托基金模式具有可行性。例如,康美药业重整计划即设计有以债务清偿为目的的信托基金。参见康美药业股份有限公司:《康美药业股份有限公司重整计划》,载巨潮资讯网,http://www.cninfo.com.cn/new/disclosure/detail? plate = sse&orgId = gssh0600518&stockCode = 600518&announcementId = 1211709039&announcem entTime = 2021 - 11 - 27。

⑥ 有学者认为,重整框架下的信托基金机制诞生的主要意图就是公平地对待未确定债权的债权人。See Thomas A. Smith, *A Capital Markets Approach to Mass Tort Bankruptcy*, Yale Law Journal, Vol. 104:2, pp. 373 (1994).

受益人即破产债权人的利益管理和处分信托财产。[①]（3）信托基金的资金可以由三部分来源组成，包括企业破产重整中拍卖或者收购所得对价、企业重整战略投资者出资额的一部分，以及重整债务人或者收购方的未来利润和信托基金运作产生的收益。在对价上，应特别重视对破产上市公司估值的合理性。（4）信托基金的清偿仍需充分尊重非破产法规范拟定的债权受偿顺序。

① 参见谢肇煌：《破产重整框架下的大规模侵权损害赔偿基金》，载《经济法论丛》2021 年第 1 期。

注册制下创业板投资者保护研究

华东政法大学伍坚课题组*

摘　要:2019年修订的《证券法》从法律层面确立了注册制,证监会、深交所随后发布创业板实施注册制改革的一系列规则。创业板对投资者保护提出了新的挑战,包括准入门槛总体较低、具有更高风险等。本课题组主要研究了以下几个问题:退市中的投资者保护;信息披露制度的完善;差异化表决安排下的投资者保护;宽严适度的民事责任机制以及民事责任的实现路径。基于我国当前的制度架构和市场现实,本课题组在实证研究基础上提出了创业板投资者保护的完善建议。

关键词:创业板　注册制　投服中心　特别代表人诉讼　先行赔付

一、创业板注册制下的投资者保护

我国2019年修订的《证券法》在法律层面上确立了证券发行注册制。2020年6月,深圳证券交易所(以下简称深交所)创业板注册制改革最终落地。创业板定位于服务“三创”“四新”的成长型企业,也与“专精特新”的中小企业属性高度契合,不仅丰富了我国多层次资本市场体系,也有力地促进了我国实体经济的发展。

注册制下创业板对投资者保护提出了新的挑战。第一,创业板的准入门槛总体较低,大量公众投资者面临投资风险。根据《深圳证券交易所创业板投资者适当性管理实施办法(2020年修订)》,新申请开通创业板交易权限的个人投资者需满足以下条件:(1)申请权限开通前20个交易日证券账户及资金账户内的资产日均不低于人

* 课题组负责人:伍坚,华东政法大学经济法学院教授、研究生院副院长;虞伟庆,金融法律研究院执行院长。课题组成员:王东光,华东政法大学经济法学院教授、副院长;沈骏峥,华东政法大学经济法学院讲师;王超,华东政法大学经济法学院讲师;徐思潇,华东政法大学经济法学院师资博士后。

民币 10 万元(不包括该投资者通过融资融券融入的资金和证券);(2)参与证券交易 24 个月以上。相较而言,科创板和北京证券交易所的投资者准入门槛均是 50 万元。

第二,创业板市场的风险更高。创业板的定位是新技术、新产业、新业态和新模式,创新型的市场定位意味着从研发投入到样品问世,再到大批量投放市场,创业板上市公司面临许多挑战和考验,投资者面临的风险显著上升。除源于板块定位的固有风险外,创业板极具包容性与适应性的制度创新也加大了投资风险。例如,创业板放宽了 IPO 的财务指标,提供了三套不同的上市财务指标,允许尚未盈利的企业登陆市场。

第三,注册制以信息披露为基础和中心,政府事先不对发行主体资质和证券投资价值进行实质性判断,最终由投资者作出判断并自负其责。由此,投资者对信息披露的依赖程度将会加大。

第四,创业板上市公司可以采取差异化表决安排。差异化表决安排尊重企业创始人对控制权稳定的追求,但对中小投资者利益产生了较大的威胁。个别股东对公司经营管理与股东大会决议事项的绝对控制权会削弱中小投资者的“话语权”。在特殊情况下,控制股东的利益可能与中小股东利益不一致,存在损害中小股东利益的可能性。

第五,创业板常态化退市制度对投资者保护具有两面性。一方面,从长期和整体看,退市制度的严格落实有助于净化市场,规范企业行为。另一方面,从短期和局部看,退市将导致投资者所持股份流动性明显下降,退市企业的后续融资能力也将受到影响。此外,一旦公司退市,其股票市值通常会大幅缩水,投资者利益明显受损。

基于我国当前的制度架构和市场现实,课题组思考了保护中小投资者的若干机制,主要包括退市中的投资者保护、信息披露的差异化和简明化、差异化表决安排、宽严适度的民事责任,以及民事责任的实现路径。

二、退市中的投资者保护

退市可以分为主动退市和强制退市,强制退市又可以进一步区分为财务类、规范类、交易类等不同原因。课题组认为,在不同的情形下,投资者保护的具体机制应当有所区分。

就主动退市而言,《深圳证券交易所创业板股票上市规则(2020 年 12 月修订)》(以下简称《创业板上市规则》)第 10.8.2 条规定,上市公司股东大会决议主动退市的,除须经出席会议的全体股东所持有效表决权的 2/3 以上通过外,还须经出席会议的除董事、监事、高级管理人员以及单独或者合计持有上市公司 5% 以上股份的股东以外的其他股东所持有效表决权的 2/3 以上通过。退市体现了多数股东的意思,基于"买者自负"的基本理念,少数反对股东以流动性降低为由,主张公司回购或者赔偿并无充分依据。如欲论证回购的合理性,还需要从其他地方寻找依据。例如,可以依据异议股东股份回购请求权的法理基础,将退市决议解释为违背了中小投资者加入公司当时的合理预期,属于其无法预料的重大变化,以证成投资者享有回购请求权。

就强制退市而言,投资者是否有权获赔需要根据个案判断。在交易类、财务类以及部分规范类退市情形下,退市或源于公司财务表现不佳,如净利润为负且营收较低,或源于市场评价不佳,典型的如面值退市中"连续二十个交易日每日股票收盘价均低于 1 元",这些情形应当属于投资者"买者自负"的范畴。当然这里也存在例外,如果上市公司违背了信息披露的要求,进行了虚假陈述等违规行为,在被发现后导致股价下跌,最终被面值退市,则不应适用"买者自负"原则。同理,在公司不按规定披露年报等规范类退市情形中,因退市原因是公司未遵守监管规定,具有可归责性,投资者亦有权获得赔偿。至于在重大违法退市的情况下,投资者理应拥有求偿权。

三、信息披露的差异化和简明化

信息披露制度旨在消除公众公司与市场主体之间信息不对称问题,保护投资者权益,通过"用脚投票"这一市场化手段实现证券市场资源的高效配置。课题组通过实证研究总结了我国创业板信息披露制度的现状和问题,重点围绕信息披露的差异化、简明化和自愿信息披露的有效性问题提出制度完善建议。

(一)信息披露差异化

不同行业的情况往往存在较大差异,需要投资者了解和掌握的信息也会所有不同,信息披露规则的设计对此也应有充分体现。深交所从 2013 年 1 月率先探索分行业信息披露,发布了《深圳证券交易所创业板行业信息披露指引第 1 号》和《深圳证券交易所创业板行业信息披露指引第 2 号》,对上市公司从事广播电影电视、药品和生物制品业务实施差异化的信息披露,此后沪深两大交易所还陆续针对其他行业发布了信息披露指引。

但不可否认,以行业为标准的信息披露差异化是由行业本身独特性客观造成的,而非制度构建的结果,其不可避免地呈现碎片化的特征,自身局限性无法克服,进而无法满足多层次资本市场结构的需要,也无法达到注册制就信息披露提出的更高要求。差异化信息披露制度的构建不应忽视板块整体共性。课题组建议新增“发行规模”作为差异化披露的标准。

(二)信息披露简明化

在监管导向型的信息披露制度下,信息披露内容越来越多,文本越来越厚,无助于投资者获取有效信息。2019 年修订的《证券法》第 87 条对信息披露的要求是“真实、准确、完整,简明清晰,通俗易懂”,反映出对信息披露简明化的重视。但是,当前我国对信息披露简明化的要求仅停留在笼统的原则指导层面,缺乏配套可执行的具体标准。课题组建议从以下几个方面推进简明化要求的实践。

第一,改变监管导向,强化以投资者为中心的原则。监管机构和立法部门在推行简明化要求的前期,可以在制定完善规则的同时,配套使用标准引导材料,投服中心也可以通过讲座、指引手册等方式帮助市场尽快理解和适应简明化规则,降低信息披露义务人的成本,提高其积极性。

第二,明确简明化规则的地位。尽管 2019 年修订的《证券法》将“简明清晰,通俗易懂”的要求与“真实、准确、完整”的要求并列,但前者在效力上应当劣后于后者。监管机构不应因发行人仅违背了简明化规则而拒绝其注册申请,而是应该通过问询的程序要求发行人在披露文件中做进一步改进,从而不断提高所披露文件的通俗易懂性。

第三,细化完善简明化规则。首先,简明化规则并非简单省略,而是完整维度上的精简。其次,发行人应当注意对专业术语的使用,并减少冗余信息以达到简明化目的。

(三)自愿性信息披露

目前自愿性信息披露流于形式,避重就轻。各信息之间是孤立的陈述,投资者难以将诸多信息进行相互印证分析,从而作出决策。且披露的信息过于庞杂无序。

课题组建议构建信息披露事项重要性分级制度,以不同的颜色对披露事项的重要性进行标注,分别以红色标记特别重要事项、黄色标记重要事项、绿色标记一般事项。具体而言:(1)预测类信息以及董事会的讨论与分析应标记为红色事项;(2)关键性非财务信息与历史性信息应标记为黄色事项;(3)背景信息以及其他类信息应标记为绿色事项。

四、差异化表决安排

创业板允许符合条件的特殊股权结构企业上市,尽管目前真正采取这一安排的上市公司还比较少,但课题组认为,境外经验已经证明表决权差异化安排对于成长性创业企业有很强的吸引力,相信随着我国资本市场的持续发展,未来采取此类安排的上市公司数量会明显增加。基于这一认识,有必要对差异化表决安排下的中小投资者保护问题展开有针对性的研究。

(一)表决权差异安排的设置

《创业板上市规则》第4.4.1条规定,发行人只能在首次公开发行上市前设置表决权差异安排;发行人在上市前不具有此类安排的,不得在上市后以任何方式进行设置。本课题组认为,就双重股权资本重组的监管本身而言,应当禁止损害现有外部股东原有权益的重组方式,同时允许不造成此类损害的重组方式。然而,后者与创业板对特别表决权股份的持有资格限定及转让限制不兼容,这才是我国全面禁止双重股权资本重组的根本原因。监管机构应当审视和权衡这两项规则的价值和利弊,尤其应当考虑其对双重股权资本重组的影响。例如,全面禁止双重股权资本重组会导致上市公司无法为应对市场环境变化而实施有益的重组,放弃商业机会或者采用其他次优的融资方式。

(二)两权分离程度之限制

根据《创业板上市规则》,双重股权上市公司仅能发行两类普通股,每份特别表决权股份的表决权不得超过每份普通表决权股份的表决权数量的10倍。股东对下列事项行使表决权时,每一特别表决权股份享有的表决权数量应当与每一普通表决权股份的表决权数量相同:(1)修改公司章程;(2)聘请或者解聘独立董事;(3)聘请或者解聘监事;(4)聘请或者解聘为上市公司定期报告出具审计意见的会计师事务所;(5)公司合并、分立、解散或者变更公司形式。

此外,2018年《上市公司治理准则》第17条规定,“单一股东及其一致行动人拥有权益的股份比例在30%及以上的上市公司,应当采用累积投票制”。本课题组建议,在表决权差异安排的语境下,上述规定中所设立的“30%”这一标准不应当被简单理解为持股比例,而应当被理解为持有表决权数量的比例。

（三）突破规则（Breakthrough Rule）

《创业板上市规则》第4.4.9条规定,双重股权上市公司的股东大会应当以“一股一权”为计票标准来决议改变特别表决权股份享有的表决权数量,且公司章程应当规定,这一决议须由出席会议的股东所持表决权的2/3以上通过。课题组建议深交所重新审视此突破规则所想要达到的政策目的。若其目的在于促进敌意收购,深交所应当认识到,这一目标无法通过突破规则达成,而实施突破规则的代价却是严重破坏表决权差异安排保护经营者专用性人力资本的功能。若突破规则的目标在于限制股东表决权与剩余索取权的分离程度,则提高特别表决权股东所必需的最低持股比例（或者降低高低表决权股每股表决权的最高比率）是更为清晰明了的监管方式。综上,深交所现行的突破规则应当被废止。

（四）日落规则（Sunset Rule）

《创业板上市规则》规定,持有特别表决权股份的股东应当为对上市公司发展作出重大贡献,并且在公司上市前及上市后持续担任公司董事的人员或者该等人员实际控制的持股主体。当出现下列情形之一时,特别表决权股份应当按照1∶1的比例转换为普通表决权股份:(1)持有特别表决权股份的股东不再担任公司董事、不满足最低持股要求,或者丧失相应履职能力、离任、死亡;(2)实际持有特别表决权股份的股东失去对相关持股主体的实际控制;(3)持有特别表决权股份的股东向他人转让所持有的特别表决权股份,或者将特别表决权股份的表决权委托他人行使,但转让或者委托给受该特别表决权股东实际控制的主体除外;(4)公司的控制权发生变更。当发生第4项情形时,上市公司已发行的全部特别表决权股份应当转换为普通股份。由于存在发生突发事件的可能性,现行的事件型日落规则使公司的控制权结构具有不确定性,违背了多数投资者入股公司时所持的期望,也减损了表决权差异安排对创始团队专用性人力资本的保护作用。

本课题组建议,深交所可以在其现行转换规则中加入一个豁免条款,即特别表决权股东之间转让特别表决权股份,所涉股份不会被转换为普通表决权股份。对于受让对象并非现有特别表决权股东的特别表决权股份转让,深交所可以规定,若无利害关系之股东在“一股一权”的计票标准下批准了该转让,则所涉股份不会被转换为普通表决权股份。对于接受转让后才持有特别表决权股份的股东,深交所应当调整关于持有资格的规定,要求他(它)们担任公司董事或董事实际控制的持股主体即可。

《创业板上市规则》第4.48条规定,持有特别表决权股份的股东在上市公司中拥有权益的股份合计应当达到公司全部已发行有表决权股份的10%以上;当特别表决权股东的持股比例低于上述标准时,其特别表决权股份应当按照1∶1的比例转换为普通表决权股份。

本课题组认为,以日落规则的方式实施最低持股要求是不合理的。最低持股要求的目的是保证特别表决权股东与公司之利益在最低限度上的一致性,并非终止表决权差异安排。当特别表决权股东未遵守该要求时,监管机构最初的执行措施通常应当是要求特别表决权股东在规定的期限内购入足额股份。当特别表决权股东违反最低持股要求,若监管机构不考虑其过错程度,亦不给予其更正的机会,一律废除其特别表决权,那么,这一股权结构的巨大变化将违背外部投资者入股公司时的心理预期,导致其投资于创始人见识与才能的计划落空,亦会对公司经营的稳定性造成巨大冲击;这些情况与投资者保护的目的背道而驰。

(五)信息披露的特别要求

课题组建议,当双重股权上市公司的某次股东大会涉及须以"一股一权"原则进行表决的事项时,这一信息应当被置于股东大会通知的醒目位置并予以特别提示。这是因为投资者在购买低表决权股份后,可能会理所当然地认为自身缺乏对公司事务的话语权,因而对股东大会表决事项漠不关心。在股东大会通知中明确告知投资者某些事项是以"一股一权"原则进行表决有助于提升投资者参与表决的兴趣和动力。

五、宽严适度的民事责任机制

(一)董事、监事、高级管理人员的义务与责任

《中华人民共和国公司法》(以下简称《公司法》)第147条规定,董事、监事、高级管理人员对公司负有忠实义务和勤勉义务。不公允的关联交易以及对公司商业机会的褫夺是两类典型的违反忠实义务的行为。公司法对关联关系和公司批准关联交易的正当程序仍需建立起足够明晰的适用标准。《创业板上市规则》对其作出了重要补充。二者为创业板上市公司构建了较完善的关联交易规制体系,若能获得切实有效的实施,可以提供较充分的投资者保护。然而,我国法律对公司商业机会的保护尚存在不足。课题组建议,立法机关或最高司法机关应当在法律或司法解释中对公司商

业机会的认定以及侵犯公司商业机会行为的认定作出明确的指引。

我国法律尚未明确董监高勤勉义务的具体评判标准。课题组建议,我国立法机关应当对勤勉义务作出概念性规定,廓清勤勉义务的性质内涵并明确勤勉义务的具体标准。此外,从司法实践来看,对勤勉义务具体内容的判定离不开具体案件所提供的场景,因此,最高司法机关应当考虑选取具有代表性、裁判得当的董监高勤勉义务案件作为指导性案例。

2019 年修订的《证券法》第 78 条和第 82 条规定了发行人和董监高的信息披露义务。如果上市公司没有按照规定披露信息,或者所披露的信息存在虚假记载、误导性陈述或者重大遗漏,致使投资者在证券交易中遭受损失,上市公司应当承担无过错赔偿责任,其董事、监事、高级管理人员承担连带赔偿责任,但是能够证明自己没有过错的除外,即承担过错推定责任。

从司法实践的情况来看,独立董事违反勤勉义务而承担法律责任,通常是由于上市公司信息披露违法而被认定为未勤勉尽责。课题组认为,判断独立董事的勤勉义务应当采取适度标准,即董事是否善意、合理、审慎地履行自己的职责,尽到处于相似位置上的普通谨慎的人在相同或类似情况下所需要的注意义务。但与此同时,立法者应当认识到,独立董事履职时遇到的困难是客观存在的,一味加重独立董事的法律责任无法提高独立董事制度的效用。在独立董事制度的设计上,不应当谋求将独立董事打造为"全能型董事",而是应当将独立董事的职责聚焦于监督和控制上市公司控制权私人利益。

(二)控股股东、实际控制人的义务与责任

控股股东和实际控制人对公司和其他股东并不负有信义义务,其义务在于确保其权利的行使符合诚实信用原则,不得滥用权力损害公司及公司其他利益团体的利益。如果控股股东或实际控制人通过关联交易窃取公司财产,这毫无疑问是滥用权力或影响力的行为,违背诚实信用原则。《公司法》的相关规定过于原则化,需要建立起具体、明晰的关联交易规制体系。不过,如上文所述,《创业板上市规则》对《公司法》的相关规定作出了重要补充,其关联交易规制体系同样适用于控股股东和实际控制人。

此外,2019 年修订的《证券法》第 85 条规定,当上市公司没有按照规定披露信息,或者所披露的信息存在虚假记载、误导性陈述或者重大遗漏,致使投资者在证券交易中遭受损失,公司的控股股东和实际控制人要承担过错推定的连带赔偿责任。

在“追首恶”的裁判趋势下,发行人的控股股东、实际控制人和董监高应承担更多的民事赔偿责任。

(三)中介机构的民事责任

证券中介机构在市场中起着不可或缺的作用,但其民事法律责任的承担必须适度。本课题组建议,我国应明确证券中介机构的责任边界,采用原则性过错判断标准,并划分证券中介机构的责任比例。

目前,我国证券中介机构间责任划分不明确,证券中介机构可能对其他专家的意见负有特别注意义务。本课题组建议,我国应该明确证券中介机构的责任边界,允许其对全部专家意见履行一般注意义务,除非出现足以引起一般人合理怀疑的情况从而导致证券中介机构的信赖不合理,否则应该允许其信赖专家意见。我国应只在专家意见存在重大异常时要求证券中介机构对其进行调查,同时允许履行了合理调查义务的证券中介机构对专家意见合理信赖。明确证券中介机构的责任边界有助于我国保荐制度的完善。除尽职调查外,保荐人还须在证券公开发行后对发行人持续督导。相较英国的弱执法模式,明确证券中介机构责任边界,允许保荐人对专家意见合理信赖是缓解保荐人责任过重问题的更优途径。

目前,我国对证券中介机构是否履行特别注意义务的判断主要依据成文的行业规范,且表现出一定的结果论倾向。本课题组建议,对证券中介机构过错的判定应该回归原则性标准。我国对证券中介机构是否履行特别注意义务的认定应该采取“独立判断、充分理由”的原则性过错标准,即在案件的特定情况下,该证券中介行业的大多数从业者是否会进行类似的调查,并得出类似的结论。随着行业协会更多地参与对证券中介机构过错的判定,制定行业规范、运行声誉平台的主导权也应回归行业协会手中。

对承销商和保荐人以外的对虚假陈述不存在故意的证券中介机构,应该根据其过错程度划分责任比例,并明确可以加重或减轻其责任的因素。例如,中介机构常为发行人提供咨询等其他服务,这些业务的盈利往往高于“看门人”业务。利益冲突使发行人可以通过中止其他业务的方式向证券中介机构施压,削弱其“看门人”功能。然而利益冲突的另一面是协同效应。证券中介机构可以通过其他业务更了解发行人,更有效地履行“看门人”职能。与其“一刀切”式地禁止证券中介机构存在利益冲突,不如将利益冲突作为加重其责任的一个因素,由证券中介机构根据其成本和效益自行决定。

六、民事责任的实现路径

健康有序运转的资本市场一定是一个多元共治的格局，在保护投资者利益方面，要注重发挥监管者、投资者、中介机构、投资者保护机构（投服中心和投保基金）等在内的所有市场主体的力量。

作为股东的投资者在其利益受到侵害时，可对侵害其利益的行为人（包括公司及其董事、高管）提起直接诉讼。在多人小额的损害情况下（如虚假陈述民事赔偿），投资者还可以借助普通代表人诉讼以及投服中心主导的特别代表人诉讼维护合法权利。在相关主体的责任明确以后，还必须关注赔偿到位的问题。

课题组最后研究了民事责任的实现路径，包括投服中心的职能发挥、先行赔付制度的完善、欺诈发行责令回购制度的完善和投保基金的使用范围扩张。

（一）投服中心的职能发挥

一方面，投服中心应更加积极行使股东诉讼权。《公司法》、《证券法》和其他法规、规章应更多鼓励投服中心积极行使股东权利。考虑我国上市公司股东"用脚投票"的自我救济风格，投服中心行使股东权利的方式不仅在于参与股东大会投票，而更多地在于运用诉讼维权方式，使上市公司管理层和大股东不敢轻易侵害股东的基本权益。投服中心也应该出台更多的操作规范，具体细化和厘清案例选取标准和行权程序，给市场和投资者更多的确定性。在实现"追首恶"的目标上，股东代表诉讼大有用武之地。投服中心在提起股东代表诉讼时，应注意以追究控股股东和实控人的民事责任为主，以追究董监高的民事责任为辅。证券中介机构通常不属于股东代表诉讼的被告，投服中心一般不应在股东代表诉讼中追究其民事责任。另外，目前投服中心提起股东代表诉讼时，仍然需要履行先行请求董事会或者监事会起诉的前置程序。前置程序降低诉讼效率，且投服中心作为公益诉讼主体一般不会出现滥诉现象，因此今后的法律修改应明确取消前置程序对于投服中心的限制。最后，股东代表诉讼针对的是"给公司造成损失"的主体，投服中心在起诉时，"给公司造成损失"的具体金额无须完全确定，但至少应举证实际存在一部分损失。

另一方面，投服中心应更多提起特别代表人诉讼。在 2019 年修订的《证券法》赋予投服中心特别代表人诉讼权之后，投服中心应适当提升特别代表人诉讼的案例比例，而相应地降低支持诉讼的案例比例，这是由两种诉讼模式的制度特点决定的。第一,在支持诉讼中,投服中心的身份主要是诉讼代理人或者投资人原告的征集人。在特别代表人诉讼中,投服中心的作用就得到了更大的施展空间,比诉讼代理人拥有更大的权利范围。第二,特别代表人诉讼具有支持诉讼所不具有的制度优势,可以充分发挥集团诉讼的优势,同时避免了滥诉的风险。

立法机关、监管机构和投服中心可以通过完善法律法规和业务规范,进一步明确投服中心的选案标准,提高投资者的维权积极性。第一,证监会和投服中心应确定"典型重大、社会影响恶劣的证券民事案件"的数量、金额等方面的具体标准。第二,随着前置程序的逐步取消,投服中心的案件选取具有更大的灵活性。在许多案件中,上市公司已经被控股股东和实际控制人掏空。这就要求投服中心在代表人诉讼中坚持"追首恶"的起诉方针,将控股股东和实际控制人作为首要的被告。第三,投服中心的绝大多数案例都选取了虚假陈述民事责任纠纷,案由范围过窄对于投资者保护水平提高具有负面意义。投服中心可以明确梳理不同案由案件的选取比例和决定因素,在业务规则中予以具体列举,使投资者获得更丰富的参考信息。

(二)先行赔付制度的完善

一方面,应扩大先行赔付的适用情形。基于 2019 年修订的《证券法》第 93 条,先行赔付主要适用于发行人的欺诈发行、虚假陈述或者其他重大违法行为,已有的 3 个案件也都涉及欺诈发行和虚假陈述,"其他重大违法行为"尚无适用。随着未来投服中心诉讼事由的逐渐扩大,先行赔付的情形也应扩展到虚假陈述之外的"其他重大违法行为",如适用于公司退市和公司破产等投资者难以获得赔偿的其他情形。

另一方面,应扩展先行赔付的责任主体。为了体现《证券法》"追首恶"的立法精神,立法者可以考虑授权投保机构在一些情况下指定赔付基金的出资人和出资顺序,确定控股股东、实际控制人的优先顺位。这样在没有自愿性先行赔付主体的情况下,投资者的利益也能够得到充分的保障。发行人的董监高对于欺诈发行、虚假陈述等行为也负有责任,是 2019 年修订的《证券法》规定的民事赔偿责任主体和连带责任人,因此也应被纳入先行赔付责任主体。此外,证券中介机构等连带责任方也应被纳入进来,其先行赔付顺位可以劣后于控股股东、实际控制人和董监高等,对于赔付基金起补充出资作用。

(三)欺诈发行责令回购制度的完善

在制度的构建上,出于最大限度保护投资者的目的,课题组建议回购对象范围的确定以持有端为标准,将二级市场的投资者也纳入回购的对象范围。回购价格应该以证券交易价格与证券持有人买入价格的较高价格为基准。

在具体的实施过程中,责令回购程序可以分为四个步骤:第一,在揭露日对公司股票同步实施停牌。第二,证监会对隐瞒重要事实或编造重大虚假内容的发行人作出回购决定,并且明确回购期限。第三,回购方案的决定。课题组建议,在发行人申请股票上市时,即要求其股东大会审议通过欺诈发行回购股份方案(不包括价格,但包括定价原则)并披露,授权董事会在触发条件时直接实施。第四,实施回购。课题组建议对现行的要约收购规则、交易和登记结算系统作相应的修改,以确保其支持发行人进行要约回购。

(四)扩张投保基金的使用范围

目前,投保基金主要用于证券公司被撤销、被关闭、破产或被证监会实施行政接管、托管经营等强制性监管措施时,按照国家有关政策规定对债权人予以偿付。鉴于特别代表人诉讼在民事赔偿金额方面的杀伤力,在未来的证券欺诈和违法案件中,相关责任主体可能均无充足的赔付能力,此时必须思考如何使投资者充分得到判决书确定的全额赔偿。否则,诉讼机制创新的积极意义将在很大程度上被削减。因此,若未来此种情形发生在《证券投资者保护基金管理办法》尚未修订时,应向国务院申请动用投保基金。如果此种案例发生数量较多,则一案一申请的做法就会显得很烦琐,且有不确定性,此时似应考虑修改《证券投资者保护基金管理办法》,明确投保基金也可于证券欺诈发行、虚假陈述以及其他违法行为时向投资者予以偿付。当然,无论上述哪种情形,投保基金公司使用基金偿付投资者后,取得相应的受偿权,则可向相关责任主体追偿。

投资者保护视域下的《公司法》修订

——以优化营商环境为视角

华东政法大学罗培新课题组*

摘　要：世界银行《全球营商环境评估报告》中的"保护少数投资者"指标评估一国商事法律制度对中小股东权益的保障程度。本文以"保护少数投资者"为切入点，从报告中的失分之处出发，并结合中国国情，提出完善我国《公司法》的立法建议。首先，本文建议以"董事责任指数"和"股东诉讼便利度指数"两项指标中的不足之处为参照，完善公司法相关规定。其次，本文对公司组织形态、出资制度、董事信义义务、控股股东责任、反收购条款及关联交易提出法律修改意见。

关键词：中小股东权益保护　全球营商环境评估报告　公司法修订

世界银行(以下简称世行)的《全球营商环境评估报告》(Doing Business Report，以下简称DB报告)是一项影响非常广泛的跨国评估指标。近年来，我国出台了大量法律和司法解释改善国内的企业经营环境，在DB报告中的排名从2017年第78名提升至2019年第32名，成为进步最快的经济体之一。然而，由于某些原因，世行延期公开2021年DB报告，随后于2021年9月取消营商环境项目，评估指标调整的可能性。就客观而言，世行营商环境项目推动了国内的"放管服"改革，降低制度性交易成本，贡献巨大。

本文从营商环境中"中小投资者保护"指标着手，从世行DB报告中的优缺点出发，立足于世行评估原则和中国特色，论证我国公司法修改的完善路径，并提出相关修法建议。

---

* 课题组负责人：罗培新，上海市司法局副局长，华东政法大学兼职教授；课题组成员：张翔宇，华东政法大学特聘副研究员；陈若琪、陈姝含、罗铉锋、王余幸怡、张虞茗，华东政法大学法学硕士。

一、营商环境报告的兴起、取消与重塑

自20世纪80年代起,世行为促进全球私营经济的发展,将目光投向各国的法律制度,对全球100多个经济体的私营部门发展进行评估,以期梳理标杆,推动各国监管改革。世行的营商环境评估包含10个方面,包括开办企业、办理施工许可证、获得电力供应、登记财产、获得信贷、保护中小投资者、纳税、进行跨国界贸易、执行合同、办理破产。其评估方法是向各国的法律专家发放问卷,并查阅一国法律法规,对各国第一大、第二大商业城市的营商环境进行排名。

虽然营商环境报告的世界影响力巨大,但世行于2021年9月宣布取消该项目,原因是项目组存在不合规行为。此前,世行曾委托6位顶尖高校学者评估调整DB报告方法论的可能性。针对上述问题,专家组建议从专家侧转向企业侧的调查方法,关注中小企业和外资企业,考察法律的实际运行情况,并纳入数字经济、雇佣劳工、跨境贸易等新指标以适应发展。①

世行于2021年年底决定,以宜商环境(Business Enabling Environment)替代原有的营商环境,继续对全球的经济体展开评估。新的评估指标则将营商环境与企业调查相结合,后者是基于各国具有代表性的企业进行调查,对象为企业家、职业经理人等管理层,可谓所测即所得。宜商环境初步确定的11项指标如下:商事登记和促进市场竞争、获取经营场所、市政公用基础设施报装、雇佣劳工、获取金融服务、开展国际贸易、纳税、消除环境影响、解决商业纠纷和办理破产。

二、世行营商环境评估之"保护少数投资者"指标

世行"保护少数投资者"这项指标的方法论的基础是发表于《金融经济学期刊》2008年第3期的著名文献《自我交易的法律经济学》。② 该文作者认为,关联交易存

① See Laura Alfaro et al., *Doing Business: External Panel Review*, The World Bank (2021), extension://oikmahiipjniocckomdccmplodldodja/pdf-viewer/web/viewer.html? file = https% 3A% 2F% 2Fwww.worldbank.org% 2Fcontent% 2Fdam% 2FdoingBusiness% 2Fpdf% 2Fdb – 2021% 2FFinal-Report-EPR-Doing-Business.pdf, last visited Jan. 19, 2022.

② See Simeon Djankov et al., *The Law and Economics of Self-Dealing*, 88 Journal of Financial Economics 430 (2008).

在利弊,而法律需要在其中扮演平衡公司效率和小股东利益(防止大股东滥权)的角色。世行指标严格遵守上述文章的分析框架,并借助了文章中的假设案例。如图 1 所示,买方为一家上市公司,詹姆斯为买房董事。詹姆斯提议买方支付相当于其自身资产 10% 的现金购入卖方的闲置资产。该案中,资产估价超过市场价值,不过交易履行了必要的批准程序。

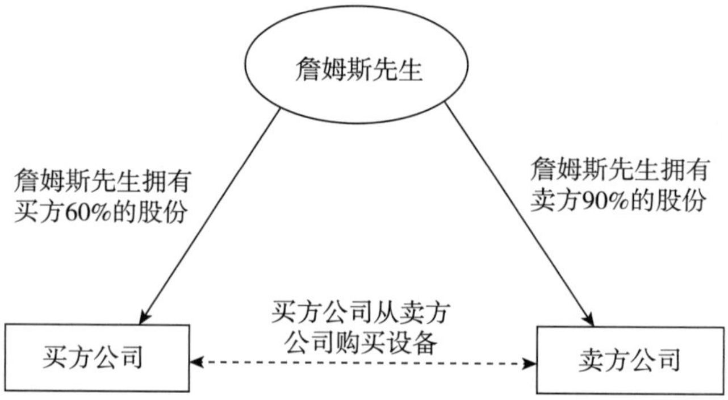

图 1　詹姆斯的利益冲突交易

资料来源:罗培新:《世行营商环境评估之“保护少数投资者”指标解析——兼论我国公司法的修订》,载《清华法学》2019 年第 1 期。

“保护少数投资者”指标项下包含两个二级指标,即“纠纷调解指数”和“股东治理指数”。前者包括“披露程度指数”“董事责任程度指数”“股东诉讼便利度指数”等三个三级指标,后者由“股东权利指数”、“所有和管理控制指数”与“公司透明度指数”这三个三级指标构成。

图 2 和表 1 展示了我国在 2015 年至 2020 年世行 DB 报告中“保护少数投资者”指标排名及各三级指标的得分情况。过去几年,我国的排名发生质的飞跃,从 2018 年 DB 报告中的第 119 名提升至 2020 年 DB 报告中的第 28 名,这主要得益于世行对《公司法司法解释(五)》、《上市公司章程指引》和《上海证券交易所股票上市规则》中对董事赔偿责任、母子公司交叉持股限制、股东无理由撤销董事会成员等规定的认可。

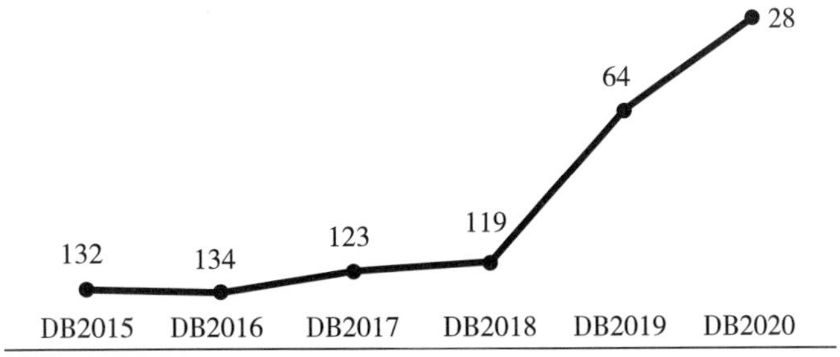

图 2　我国在 2015 年至 2020 年 DB 报告中“保护少数投资者”指标排名

资料来源:罗培新:《世界银行营商环境评估:方法·规则·案例》,译林出版社 2020 年版。

表 1　中国“保护少数投资者”二级指标 2015 年至 2020 年 DB 报告得分

单位:分

二级指标	计分方式	2015 年	2016 年	2017 年	2018 年	2019 年	2020 年
披露程度指数	0～10	10	10	10	10	10	10
董事责任指数	0～10	1	1	1	1	1	4
股东诉讼便利度指数	0～10	4	4	4	4	5	5
股东权利指数	0～10	6	6	6	6	7	5
所有和管理控制指数	0～10	3	3	3	3	4	6
公司透明度指数	0～10	9	9	9	9	9	6

资料来源:股东权利、所有和管理控制、公司透明度三个二级指标的分值在 2020 年 DB 报告中调整为 6、7、7 分。

不过,与其他“保护少数投资者”指标得分更高的经济体相比,我国在“董事责任指数”和“股东诉讼便利度指数”两个二级指标上的得分依旧不高。前者是因为我国商事法律对(关联)董事责任认定的标准、股东的救济手段、关联交易的可撤销等规定有所缺失,后者是因为股东在关联交易诉讼中获得公司证据的便捷程度不够。本课题组逐题研究世行问卷的题目和相应回复,得出以下公司法修订意见:

第一,建立董事长与总经理的分任制,要求公司的董事长与总经理应当由不同人员担任。

第二,建议增设规定,即有限责任公司和股份有限公司出售超过公司总价值 51% 的资产,必须经股东(大)会表决通过。

第三,建议增设规定,即有限责任公司及非上市的股份有限公司,应当在作出分红决议之日起一年内完成利润分配。

第四,妥善配置控股股东、董事和高管的法律责任,具体包括:(1)若关联交易损害公司利益,控股股东必须在其获益范围内承担损害赔偿责任;(2)建议在《公司法》第 147 条中增加以下表述,即“前款人员在履行职责过程中,因疏忽大意给公司造成损失的,应当承担赔偿责任”;(3)明确利害关系董事的加重责任;(4)允许显失公平的关联交易决议可撤销。

三、中国特色视角下的公司法修订研究

世行营商环境评估的理念在于,通过规制控股股东、董事行为的方式保护企业中的弱势交易者。根据该理念,课题组总结了我国《公司法》中存在的一些不足,并提出相应的法律修订意见。

(一)公司组织形态的法律修订

我国《公司法》遵循“两分法”传统,将公司划分为有限责任公司与股份有限公司,前者强调人合性,后者强调资合性,故《公司法》对有限责任公司的股权转让作了限制。然而,市场中充斥着大型有限公司及小型股份公司。不少企业主选择设立有限公司,只是他们认为这样公司名字高端大气,但依旧以闭合的方式经营企业。而不少有限公司(尤其是国有有限公司),资金和经营规模巨大,且股东更强调资合的元素,因此在股权转让时会产生法律问题。

为解决以上问题,课题组提出以下建议:第一,减少有限责任公司股权转让的限制,取消股东会投票表决的要求;第二,允许股份公司在章程中规定股份转让受限;第三,增设类别股的相关规定。

(二)公司出资制度的法律修订

现行《公司法》采取资本认缴制,允许公司股东认缴股本,并承诺资本缴纳的期限。资本认缴制虽然降低了公司设立门槛,但仍存在问题:其一,公司资本认缴与实缴信息的公示采“双轨制”并存在时间差,这会导致债权人与公司订立合同时存在信息不平等。其二,公司法缺乏催缴机制,股东可以任意认缴、虚增公司资本,滥用公司资本信用。[①] 其三,助长“以小博大”的机会主义心态,股东可能会在履行债务前以瑕疵减资行为减少注册资本。[②]

课题组提出以下建议。第一,规定认缴期限的上限(如五年)。第二,统一公司认

---

① 参见罗培新:《论资本制度变革背景下股东出资法律制度之完善》,载《法学评论》2016 年第 4 期。

② 参见朱慈蕴:《中国公司资本制度体系化再造之思考》,载《法律科学(西北政法大学学报)》2021 年第 3 期。

缴、实缴、减资信息的公示平台,引入"减资"标注的做法。第三,在《公司法》中增设加速到期制度,赋予公司和债权人向股东发起催缴的权利。第四,为防止出资未到期股东"金蝉脱壳",《公司法》应规定,认缴期限尚未届满的股权转让应当经公司董事会同意。

(三)董事无因解任制度的法律修订

2019年,最高人民法院发布了《最高人民法院关于适用〈中华人民共和国公司法〉若干问题的规定(五)》,该司法解释第3条赋予股东会无因解除董事职务的权利。同时,董事职务被解除后,因补偿与公司发生纠纷提起诉讼的,人民法院应当依据法律、行政法规、公司章程的规定或者合同的约定,综合考虑解除的原因、剩余任期、董事薪酬等因素,确定是否补偿以及补偿的合理数额。《公司法(修订草案)》中沿袭以上规定,赋予董事法定的赔偿请求权。

本课题组认为,董事不应享有法定的赔偿请求权,否则会造成如"迪士尼案"中的天价赔偿,给公司带来损失。值得注意的是,实践中普遍存在董事兼任高管的情形,此时董事同时也是劳动者,与公司之间存在劳动合同关系,若此时同时解除劳动关系偿付的经济补偿或经济赔偿金需由劳动法调整,则与董事赔偿金不相冲突。

(四)董事义务和责任的法律修订

1. 勤勉义务

《公司法》第147条对高管的"勤勉义务"作出了规定,但规定只是对义务的简单概括陈述,并没有涉及勤勉义务的具体审查标准,也没有明确法院应该何种标准来介入企业的运营、衡量高管是否尽到了其勤勉义务,实操性不强。[①] 在司法实践中,勤勉义务审判存在相当大的阻力,案件数量非常少。

《公司法》的修订应纳入勤勉义务的明确定义和审查标准,帮助中小投资者更好地监督公司董事、高管的行为。第一,引入"商业判断规则",具体化勤勉义务的判断标准、司法考量因素、过错责任。第二,建议在《公司法》第147条增设以下规定,"对公司负有勤勉义务,应当为公司的最大利益尽到管理者通常应有的合理注意执行职务。前款人员在履行职责的过程中,因疏忽大意给公司造成损失的,应当承担赔偿责任。"第三,将《上市公司章程指引(2022年修订)》中有关勤勉义务的列举性条款引入《公司法》。

① 参见罗培新、李剑、赵颖洁:《我国公司高管勤勉义务之司法裁量的实证分析》,载徐明等主编:《证券法苑》第3卷,法律出版社2010年版,第372~407页。

2. 忠实义务

《公司法》第 148 条以列举的方式对忠实义务的违反事由作出规定,但未划分忠实义务和勤勉义务的界限,导致两种义务在司法裁判中混用甚至滥用的情形时有发生,从而影响公司法规范的目的实现。[①] 建议修改《公司法》第 148 条为"董事、高级管理人员不得有下列为自己或他人牟取私利、给公司造成损失的行为"。

3. 善意义务

《公司法》应引入善意义务,要求董事诚实和真诚地、为了公司最佳利益地,并在明确知晓的情形下不得违背法律和公共政策地履行其职责。[②]《公司法》可适当扩充忠实义务,将其定义为"董事行为不能违背股东之信赖,其必须拥护公司的最佳利益而积极努力(作为义务),同时回避(因个人或者他人私利而)侵害公司利益的利益冲突行为(不作为义务)"[③]。

4. 公司机会掠夺

"禁止篡夺公司机会"于 2005 年引入《公司法》,最初规定在第 148 条,为忠实义务的内涵之一,《公司法(修订草案)》将其单列。无论是草案还是《公司法》原有规定,均具有以下问题:第一,未涵盖控股股东;第二,"利用职务便利"无法涵盖所有情形,且法院很少采纳该要件进行审判;第三,《公司法》第 148 条与第 149 条衔接存在问题,公司仅能行使归入权,不能请求损害赔偿。

基于此,课题组提出以下建议:第一,扩大适用主体;第二,删除"利用职务便利"的表述;第三,删除《公司法》第 149 条"执行公司职务"的表述。

(五)中介机构勤勉义务的法律修订

我国《证券法》对证券服务机构的责任认定上也采取了过错推定和连带责任制度。但现有法律规定和司法实践存在以下问题:第一,《证券法》未规定法院应以何种标准认定证券服务机构的注意义务标准;第二,连带责任虽然可以增加对投资者的赔偿效率,但会造成中介机构的过责不统一,导致过错责任转向保证责任,降低其专业性和独立性,鼓励中介与发行人沆瀣一气。

课题组提出两点建议。第一,厘清不同证券服务机构的勤勉义务,区分特别注意

---

① 参见叶林:《董事忠实义务及其扩张》,载《政治与法律》2021 年第 2 期。

② See Melvin Eisenberg, *The Duty of Good Faith in Corporate Law*, 31 Delaware Journal of Corporate Law 1 (2006).

③ 梁爽:《董事信义义务结构重组及对中国模式的反思:以美、日商业判断规则的运用为借镜》,载《中外法学》2016 年第 1 期。

义务和一般注意义务。第二，构建以按份责任为原则，连带责任为补充的追责机制，依据中介机构的过错程度和原因力综合考察其责任范围。[①] 这样的追责机制实际上赋予投服中心更大的选择案件的权力，避免连带责任框架中过于谨慎的选择。

（六）控股股东责任的法律修订

控股股东的责任和法律规制已经成为我国公司治理的一大问题。然而，现行《公司法》缺乏对控股股东的关注和规制，控股股东不是法定的公司治理主体，也没有被分配法定的公司治理权，在《公司法》的条文中也缺乏相关论述。整部《公司法》对于控股股东论述只有三次：两次在附则中规定了概念，唯一一次正文中的实体规定则是在第21条，规定了对控股股东、实际控制人和公司董监高关联交易的限制，而非针对控股股东的特殊规定。

基于此，课题组提出以下建议。首先，《公司法》可以认可控股股东具有的特殊权利（如类别股、单独行使股东会职权的权利）。其次，明确控股股东对公司承担的信义义务。《公司法（修订草案）》中规定，控股股东"指使董事、高级管理人员从事损害公司利益的行为，给公司或者股东造成损失的，与该董事、高级管理人员承担连带责任"，我们认为该规定尚不全面。

（七）公司章程中反收购条款合法性的法律修订

在《公司法》规定了董事、监事、高级管理人员的忠实义务和勤勉义务的基础上，《上市公司收购管理办法》明确了此种义务，在"不挫败"原则的整体要求下，被收购公司的董事会和独立财务顾问实则不能只进行消极接受，还必须积极地参与该进程，对收购人的相关情况作出尽职调查的基础上展开分析，根据专业意见提出建议，以便股东参考后进行最终决策。从以上条文不难看出，我国法律政策整体对反收购措施偏向负面限制态度，但这样的规定却并不明确，这也导致了我国实践中该问题上乱象横生的现状。

在实践中，常见的反收购条款包含以下三类：

第一，超级多数条款，即在对公司收购、修改公司章程等重大事项进行决议时，支持决议通过的股东要达到超级多数。投服中心对该做法持否定态度，认为其赋予了某些大股东"一票否决权"。但我们认为，《公司法》第103条关于特别决议的人数规定，应当作是一个下限规定。在此基础上，公司有权提高决议的表决权门槛。

---

① 参见陈洁：《证券虚假陈述中审验机构连带责任的厘清与修正》，载《中国法学》2021年第6期。

第二,交错选举董事条款。该条款,是指将全体董事划分为人数相等的不同组别并设置不同的任期,每届董事会只能改选其中一部分的董事成员,而另一部分成员则在接下来任期内依然掌控管理权。投服中心同样认为该条款不合规合法。但是,课题组持不同意见。交错选举董事实际上给公司控制权"易主"设置了一个缓冲带,减缓管理层权力交接的进程。换言之,该条款作为"缓兵之计",实际上未侵害股东的管理者选择权,也就不存在限制股东权利或增加股东义务的不当情形。

第三,限制股东提案权条款,即通过提高持股比例或增加持股期限的条件来限制股东的提案权。本课题组认为,该措施本质上是对公司法所确立的股东平等原则的巨大挑战,其当然剥夺了部分小股东的提案权,因而无法肯定其效力。

对其他可能出现的反收购措施,本课题组认为,应基于"一般不得干预股东权原则"认定董事在反收购中干预股东的行为无效。此外,法律应要求董事会在采取的反收购措施正当的前提下,遵循比例原则,不能超过必要限度。当企业的反收购措施"用力过猛",达到了严重限制甚至排除竞购要约的情形时,应认定该措施无效,避免损害中小投资者的权益。①

(八)股东查阅权制度的法律修订

现行《公司法》第33条和第97条对股东查阅权制度作了规定。此外,《最高人民法院关于适用〈中华人民共和国公司法〉若干问题的规定(四)》第7条至第11条也对股东查阅的形式和救济程序作了额外规定。

第一稿的公司法草案有一条新的规定,即允许持股1%以上的股东向公司申请查阅公司的财务账册。课题组认为,以上规定可能会加剧上市公司小股东与公司的冲突。从比较法上看,绝大多数国家和地区均规定持股3%或5%以上的股东有权查阅公司的财务账册和底稿。我们认为,我国可参考该立法惯例。

(九)关联交易的法律修订

我国关联交易的法律规制框架主要由《公司法》《证券法》《税法》《会计法》等多个单行部门法及其司法解释和行政部门规章组成。其中,《公司法》在附则中界定了"关联关系",在第21条中禁止利用关联关系损害公司利益。2019年修订的《证券法》第80条要求披露对公司产生重要影响的关联交易。在实践中,对上市公司关联交易的监管主要依靠中国证监会及沪深两市证券交易所制度的监管文件,包括《上市

① 参见郭富青:《上市公司反收购:政策导向、实施偏好与法律边界》,载《法学》2018年第11期。

公司信息披露管理办法》《上市公司关联交易实施指引》《上市公司章程指引》等。其中,《上市公司关联交易实施指引》对上市公司关联交易的审议和披露程序作了明确规定。此外,其他部门法,如《税法》《会计法》《银行法》《刑法》也在不同领域对上市公司关联交易进行着各有侧重的规制,如《企业会计准则第36号——关联方披露》等。

尽管法律规则众多,上市公司关联交易的规制依旧存在不少问题。第一,我国对上市公司关联交易规定的整体法律体系较混乱。第二,关联关系和关联交易的认定存在困难。一方面,实践中的持股关系错综复杂,且存在非关联化的趋势。另一方面,《企业会计准则第36号——关联方披露》和沪深两地证券交易所的《股票上市规则》中的规定存在不一致,认定方法有争议。第三,披露程序、独立董事制度等规制措施的实施未达预期。

本课题组提出以下建议。第一,由层级较高的法律对关联方和关联交易作出界定,统一界定的方法,并依"重实质,轻形式"的原则进行规制。第二,完善关联交易的正当性审查,采取程序性加实体性审查的"双轨制"标准。具体来说,就是在关联交易若已经过了无利害关系人审议等程序审查的情况下,采用相对宽松的"商业判断规则",审查公司董事是否尽到了勤勉义务和善意义务。而在未经过或未满足程序性审查的情况下,则采用相对严格的实体性审查标准来进行判断。对实质公平的考察须考虑交易本身是否以不利于股东和公司的方式进行、董事是否从中获利等。第三,在《公司法》或《证券法》中明确关联交易的信息披露标准,披露内容包括关联交易概述,关联方介绍,关联交易的主要内容和定价政策,独立董事、财务顾问及中介机构发表的意见等。

此外,本课题组认为,有必要在《公司法》中增设专章规定关联交易,内容包含关联交易的定义、关联交易的披露程序、公允关联交易的判断标准、不公允关联交易的可撤销及关联方责任等主要内容。这是因为,除上市公司外,在许多非上市公司中,关联交易也是普遍存在的现象的。大股东或控股股东利用关联交易,转移企业的资产,损害公司中小股东的利益。

四、结　　语

自20世纪80年代起,世行为促进私营经济的发展,将目光投向各国法律制度的改革,推动跨国的营商环境评估项目。在世行的影响下,营造市场化、法治化、国际化的营商环境已成为中国进一步对外开放的重要举措。

在此背景下,本课题组参考世行 DB 报告的最新数据,以“保护少数投资者”指标作为切入点,详细分析了项目的评估方法和中国的实际情况。从世行理念出发,立足于中国国情,对公司组织形态、出资制度、董事信义义务、控股股东责任、反收购条款、查阅权、关联交易等议题提出法律修订建议。

I 市场实务

INVESTOR

操纵证券市场民事赔偿损失认定问题研究

复旦大学许多奇课题组*

摘　要:本文基于操纵证券市场民事赔偿责任的理论基础及制度规范,进一步厘清操纵证券市场行为的法律概念范畴,分析操纵证券市场民事赔偿责任的构成要件,比较现有操纵证券市场民事赔偿的计算方法和域外实践,初步构建精细化的损失计算方法。

关键词:操纵证券市场　民事赔偿　构成要件　损失计算

一、引　　言

投资者是资本市场健康发展的基石,保护投资者合法权益是资本市场建设的重要主题。操纵证券市场行为扰乱资本市场的健康发展,破坏投资者对资本市场的信任基础,抑制资本市场正常功能的发挥。对操纵证券市场行为进行法律规制是保障资本市场正常运行的必然要求。建立操纵证券市场民事赔偿制度,明确科学合理地操纵证券市场民事损害赔偿计算方法,可以有效弥补投资者损失,威慑违法操纵者,对资本市场的健康有序发展具有重要意义。

二、操纵证券市场民事赔偿责任的基本理论

(一)操纵证券市场的定义

关于操纵证券市场的定义,学界尚无定论。本课题组认为,操纵证券市场,是指

* 课题组负责人:许多奇,复旦大学法学院教授。课题组成员:沈竹莺,上海金融法院申诉审查及审判监督庭副庭长;杨晖,上海金融法院申诉审查及审判监督庭四级高级法官助理;金琪睿,复旦大学法学院博士研究生。

利用资金优势、持股优势或者信息优势等操纵证券交易价格或交易量,使证券交易价格严重偏离其真实价值或真实价格,诱导投资者交易,意图从中获利的行为。

(二)操纵证券市场的具体方式和类型

根据证券市场实践,操纵证券市场行为从操纵手段角度可分为交易型操纵和信息型操纵。此外,跨市场操纵①作为期货市场发展到金融期货时代的产物,也应当被纳入操纵证券市场行为的研究范围。

信息型操纵和虚假陈述都是通过控制信息发布的内容和时间节奏来达到操纵市场的目的,容易混淆,但两种行为的构成要件存在不同。一是行为主体不同,虚假陈述的行为主体必须是特定的信息披露义务人,而信息型操纵的主体是不特定的人,只要其存在操纵证券市场的主观动因和客观行为。二是行为方式不同,虚假陈述,是指通过包括虚假记载、误导性陈述、重大遗漏、不正当披露等虚假的信息影响证券市场的价格,而信息型操纵在发布信息之外还必须有反向交易行为,通过控制这些信息发布的内容和时间节奏,吸引中小投资者跟进操作或者配合资金炒作达到跟风操作,而使操纵人可以实现反向操作获利的目的。需要注意的是,在信息型操纵中,发布的信息不一定是虚假信息,操纵行为人可能利用真实信息优势,控制信息发布的内容及时间节奏,配合其交易行为,从而达到操纵目标股票价格的不法目的。

从我国现行法律体系来看,涉及操纵证券市场具体类型的相关规定散见于《刑法》《证券法》《关于公安机关管辖的刑事案件立案追诉标准的规定(二)》《关于办理操纵证券、期货市场刑事案件适用法律若干问题的解释》等。其中,2019 年 7 月 1 日起施行的《关于办理操纵证券、期货市场刑事案件适用法律若干问题的解释》不仅明确了连续交易操纵、约定交易操纵、洗售操纵、蛊惑交易操纵、"抢帽子交易"操纵、虚假申报操纵六种操纵证券市场类型,还新增重大事件操纵和利用信息优势操纵两种类型(见表 1)。

---

① 参见钟维:《跨市场操纵的行为模式与法律规制》,载《法学家》2018 年第 3 期。

表1 我国法律规定的操纵证券市场的具体类型统计

类型	具体操纵行为
交易型操纵	连续交易操纵
	约定交易操纵
	洗售操纵(对倒交易)
	虚假申报操纵(订单型操纵、恍骗交易操纵)
信息型操纵	蛊惑交易操纵
	"抢帽子交易"操纵(抢先交易、"黑嘴")
	重大事件操纵(编故事、"画大饼")
	利用信息优势操纵
跨市场操纵	市场力量型跨市场操纵
	价格关联型跨市场操纵

(三)操纵证券市场民事赔偿责任的性质

对操纵证券市场民事法律责任的性质存在多种解读,主要存在违约说、侵权责任说、独立责任说等。本课题组认为应适用特殊侵权民事责任,理由如下:其一,操纵证券市场行为的侵权行为人和被侵权行为人主体都是特定的金融市场主体。操纵证券市场行为不仅会导致投资者损失,而且会扰乱金融市场公共秩序,违背证券交易诚信基础,亦会侵害金融市场的整体利益。其二,一般侵权行为适用"谁主张,谁举证"原则,将过分加重投资人的举证责任。而特殊侵权行为适用无过错责任原则或者过错推定原则,能够减轻原告投资者的举证责任,间接保护处于弱势地位投资者的合法权益。因此,采用特殊侵权行为说能更有效地保护中小投资者的合法权益,也更有利于证券市场的稳定性。

三、我国操纵证券市场民事赔偿的实践

(一)操纵证券市场行为法律责任的逻辑架构

总体而言,对操纵证券市场所引发的法律责任,我国形成了行政责任、刑事责任和民事责任的法律责任体系,三种不同的责任各有分工,每种责任的侧重点也各不同。只有发挥行政处罚、刑事处罚和民事赔偿三者的合力,形成立体追责,才能更高效地治理证券市场,恢复市场正常秩序。

我国在证券市场民事责任赔偿制度设计时过度依靠行政权力,由行政机构对证

券市场进行主导,缺乏私人诉讼观念,忽视了民事责任制度在操纵行为法律责任的地位。2019年修订的《证券法》虽然规定了操纵证券市场行为的赔偿责任,但没有对遭受损失的投资者在举证责任分配、赔偿计算范围及操纵行为认定等方面设计出有利于投资者私力救济的民事责任承担制度,导致操纵行为人因民事责任救济制度的不完善而逃脱责任,投资人的合法权益无法得到保障。

(二)我国有关操纵证券市场责任的行政处罚及司法审理情况

就行政处罚而言,2016年至2021年,证监会作出的操纵证券市场相关的行政处罚数量呈现逐年上升的趋势,操纵证券市场行为也正逐步成为证监会的监管重点。而在诉讼领域,截至目前,我国操纵证券市场民事索赔相关案例极少,且鲜有投资者成功获赔的案例。由于我国证券市场发展时间短,法律发展不完善,信息型操纵市场行为屡禁不止,再加上证券民事法律制度长期滞后于证券业的发展,在一定程度上损害了中小投资者的利益,间接纵容了操纵证券市场行为的存在。

囿于篇幅限制,本文简要介绍恒康医疗案(见表2)。

表2　恒康医疗案案情梳理

项目	内容
原告	杨某辉
支持起诉	投股中心
被告	阙某彬、蝶彩资产管理(上海)有限公司(以下简称蝶彩资产)、谢某荣
类型	信息型操纵(拉高型)
案情简介	根据行政处罚认定,操纵开始日2013年5月9日,操纵结束日2013年7月4日。杨某辉于2013年7月4日持有的51,200股恒康医疗股票买入均价为19.84元。杨某辉于2013年7月5日将持有的51,200股恒康医疗股票全部卖出,卖出均价19.73元
诉讼请求	原告请求判令阙某彬、蝶彩资产管理公司、谢某荣赔偿杨某辉经济损失231,159.45元
判决结果	2019年12月27日,四川省成都市中级人民法院作出一审判决,确认三被告实施操纵恒康医疗股价的违法行为,判决赔偿投资者杨某辉5632元,其中阙某彬承担40%责任,蝶彩资产承担60%责任,两被告承担连带清偿责任。2021年1月15日,四川省高级人民法院作出二审判决,驳回上诉、维持原判
评价	该案是全国首例法院判决支持投资者申请民事赔偿的操纵证券市场案件,为中小投资者维权提供了很好的范例和样板,在社会引发较大反响。虽然成都中院在判决的时候,没有支持中小投资者服务中心主张的点差法的损失赔付计算方式,以既无法律依据又缺乏实质合理性不予采纳,而是借鉴了虚假陈述的计算方式,在赔偿计算方法上存在较大争议,但为今后操纵市场案件的裁判提供重要参考。我们通过研究明确,操纵证券市场跟虚假陈述对证券市场的影响并不相同,操纵行为对股价的影响是波动的、震荡的,因此"点差法"计算方式会更加接近投资者的真实损失,能更好地保护中小投资者的合法权益

(三)我国操纵证券市场民事责任的司法困境

我国操纵证券市场民事责任的司法困境主要体现在操纵市场行为认定难、侵权损害因果关系证明难、损失金额计算难等方面(详见表3)。

表3　操纵证券市场民事责任的司法困境梳理

要点	司法困境
操纵市场行为认定难	无论是交易双方还是证券监管部门,都很难根据2019年修订的《证券法》对是否构成操纵行为进行具体判断,法院审判和行政执法参照的体系具有不确定性
侵权损害因果关系证明难	该类案件的司法实践中依然遵循"谁主张,谁举证"原则,采用过错责任原则,使本就处于弱势一方的原告对操纵证券市场侵权行为与损害结果之间的因果关系承担举证责任,证明难度高
民事赔偿范围确定难	由于证券真实价格的不稳定性,导致价格异常波动的因素很多,证券的真实价格难以确定
损失金额认定难	证券法未明确规定操纵证券市场民事损害赔偿的具体计算方式,在具体操纵中难以对投资损失进行准确计算

四、域外操纵证券市场民事赔偿责任实践及评析

通过探讨美国、德国等欧美国家以及日本和韩国等亚太国家及地区的立法体例,对全球金融市场发展过程中各国(地区)证券市场的操纵证券市场民事赔偿责任实践进行梳理,以期对我国证券市场民事赔偿责任制度构建提供参考。

(一)适格原告

美国确定适格原告的方法,①最开始为"直接交易对手法"规定,即仅与操纵者作交易对手的人才能作为适格原告。后改进为"同时期交易法",②明确适格原告包括与操纵者交易同时期进行相反交易的所有投资者。最后又发展出"揭露后一段时间法",明确适格原告包括从操纵行为开始到操纵行为结束或被揭露为止,与操纵交易反向交易的投资者。上述三种方法逐步拓宽了适格原告的范围,故学者评价其便利于投资者针对证券市场操纵行为提起民事诉讼,在很大程度上提升了投资者主张民

① See Alkhamees, Ahmad A., *Private Action as a Remedy Against Market Manipulation in the USA* (*February 2, 2012*). Journal of Financial Regulation and Compliance, Vol. 20, Iss: 1 p.41 –55.

② See Fridrich v. Bradford, 542 F.2d 307 (6th Cir 1976).

事赔偿的积极性。但即便如此,美国就适格原告范围的规定仍限于"与操纵交易反向交易的投资者"。在日本,日本《金融商品交易法》并未就适格原告加以明文规定,学界推断投资人及接受投资人委托之证券经纪商可以主张权利。综上,针对操纵市场民事赔偿诉讼的请求权人,各国(地区)均未对适格原告作严格限缩解释,而是在原则上设定一些条件以界定请求权人的范围。

(二)因果关系认定

在长期的司法实践中,美国在证券侵权案件中对因果关系认定采用"两分法"。① 在此基础上,又逐步演变成交易因果关系与损失因果关系。② 这两个因果关系是递进关系,投资者要获得赔偿,首先需证明交易因果关系,然后再证明损失因果关系,两者缺一不可。与此同时,美国在司法实践中采用"市场欺诈理论",③投资者只要证明自己的投资决策是根据被影响的证券交易价格或者证券交易量作出的,不需要证明自己的损失是由于证券市场操纵行为人的行为造成的,即可推定存在损失的因果关系。而在德国、日本等国,目前仍依据传统民法领域的"相当因果关系理论"确定因果关系,④即在操纵证券市场案件中不仅需要受害人证明行为人的行为产生了损害结果,同时还要证明损害产生的因素。⑤

综观上述立法与司法实践,可以看出制定操纵证券市场的法律需要充分考虑与民事法律制度与诉讼制度的衔接。德国、日本等基于传统的民事侵权责任因果关系,认定操纵市场行为。因证券操纵案件复杂,往往涉及金融证券专业知识与电脑网络科技,原告证明因果关系的存在必须具备一定专业知识,同时损害产生的因素众多,因果关系证明难度大,原告很难胜诉,不利于实现公平正义。因此,可以与我国目前虚假陈述民事侵权责任因果关系认定的司法实践保持一致,运用"两步走"认定方法。在认定交易因果关系时,参酌"市场欺诈理论",在特定情形下适用因果关系推定。在认定损失因果关系时,法院结合操纵行为发生的时间和损失发生的时间、操纵行为的

---

① "两分法"又称"两步走",即对因果关系分两步进行考察和认定:首先运用事实上的因果关系理论(cause in fact),确定行为人的行为或者依法应当由其负责的事件是否在事实上属于造成损害发生的原因;二是运用法律上的因果关系理论(legal cause),确定已构成事实上原因的行为或事件是否在法律上成为应对该损害负责的原因。参见范利平:《侵权行为法中的因果关系理论和实践》,中山大学出版社 2004 年版,第 1 页。

② 参见曾世雄:《损害赔偿法原理》,中国政法大学出版社 2001 年版,第 96 页。

③ Basic, Inc. v. Levinson, 485 U. S. 224 (1988).

④ 参见傅长禄:《证券民事赔偿诉讼——最高人民法院证券民事赔偿司法解释的评述与展开》,法律出版社 2003 年版,第 157 页。

⑤ 参见杨峰:《操纵证券市场民事责任因果关系认定规则之完善——对美国、日本的相关规定的比较出发》,载《法商研究》2006 年第 6 期。

潜在作用、连续性、影响股价变动的其他因素及其各自的作用力、作用范围等参考因素进行综合判定。

(三)损失及计算方法

就损失范围而言,德国立法明确损害赔偿原则为"让受害投资者回到未受到损害的状态"。美国的司法实践存在一定分歧,有法院指出,投资者不能获得惩罚性赔偿。[①] 也有法院认为,在强因果关系的情况下投资者可获赔间接损失。[②] 为避免损失范围过于宽泛,美国就单个投资者的赔偿金额设置了上限[③],但未限制赔偿金额总额的上限。对此,有学者主张参考内幕交易行为的惩罚性赔偿规定进行设限,即被告获利数额的三倍。[④] 但也有批评者认为,这种限制会导致原告实际获赔不足,而失去起诉救济的动力,故应持审慎态度。

就损失计算方法而言,目前欧盟、日本、韩国等国家(地区)的法律没有明确规定具体的计算方法。美国的司法实践中,各地法院在确定具体损失金额时,因为对实际损失有不同理解,所以在司法实践中采用不同的损失计算方法。[⑤] 主要采用"毛损益法"和"净损差额法"等损失计算方法。其中,"净损差额法"作为美国司法实践普遍采用的方法,其核心在于"真实价格"的确定(详见表4)。即没有操纵行为情况下,股票的正常价格,并以此为基础计算出操纵证券市场行为给投资者造成的损失,符合侵权因果关系理论。由于认定真实价值的困难,美国法院有少数判决表面上虽采"净损差额法",但却以揭露日后的价格或拟制的"真实价格"作为股票在交易时点的真实价值,这种"简易的""净损差额法"掺杂了买入时点后发生的损失,其内核仍是"毛损益法"。由此,不难发现两种计算方式在司法实践中有逐步趋同的迹象。

---

① Stone v. Kirk. 8F. 3d 1079 (6th Cir. 1993).

② Zeller v. BogueElec. Mfg. Corp., 476 F. 2d 795 (2d Cir. 1973).

③ 美国《1934 年证券法》第 21D 条(e)款规定,不超过交易价格与揭露日后 90 日内每日收盘均价(未卖出)/揭露日至卖出日每日收盘均价(90 日内卖出)之差。

④ 参见朱伟一编著:《美国证券法判例和解析》,中国政法大学出版社 2013 年版,第 135 页。

⑤ Kevin P. McCormick, *Untangling the Capricious Effects of Market Loss in Securities Fraud Sentencing*, 82 TUL. L. Rev. 1145 (2008).

表 4　不同的损失计算方法的定义与司法实践

方法	定义	司法实践
毛损益法(又称完全价差法)	以买入价与卖出价之间差额计算,即假设如没有操纵行为,投资者不会购入该公司股票,法律效果等同撤销契约,使赔偿权利人恢复至交易缔结前之状态	实践中,计算难点为投资者买入成本如何计算、证券市场系统风险如何扣除、是否扣除非系统风险等问题
净损差额法(又称实际损失法、真实价差法)	以买入价与买入时点还原的真实价值之间差额计算,假如有操纵行为,投资者应当以真实价值购入该公司股票	实践中,经修正的实际损失法一般以操纵行为结束后 90 日的平均收盘价计算真实价格,故也被称作真实价值不变法
取消法	不考虑外部因素对价格的影响,将原告或受害人恢复至欺诈交易发生之前所处的位置	实践中,该种方法由简单的取消法发展为修正取消法
市场调整法	在排除外部因素的基础上,计算欺诈行为带来的损失	实践中,多以基准价为基础还原真实价值,在扣除外部因素时,采取恒差法、恒比法、指数法等不同的方法

五、操纵证券市场民事赔偿损失认定的关键要素

(一)适格投资者

就适格投资者而言,本课题组认为,操纵证券市场民事赔偿诉讼的适格投资者的范围不限于与操纵行为人做反向交易的投资者,而是在拉抬型操纵中,有买入行为的投资者;在打压型操纵中,有卖出行为的投资者。从法理上看,操纵证券市场行为扭曲市场的方式是影响证券交易价格或者证券交易量。操纵证券市场行为的外部性影响不仅在于对手交易,还在于扭曲了操纵行为时期市场的整体交易情况和证券价格,使投资者以扭曲后的证券价格进行了投资交易。从技术上看,股票交易实行集中竞价交易制度,操纵市场者与受损投资者之间通过交易所匿名撮合成交机制而发生实际买卖关系,买卖双方难以一一对应,投资者不能也无须证明买卖之间的对应关系。

(二)交易因果关系认定

1. 交易方向

根据价格扭曲的方向,基于操纵市场下“真实价格”与实际交易价格的互相关系,对操纵行为定性可以分为拉抬型操纵和打压型操纵。如果是拉抬型操纵市场,在操纵期间买入交易而受损的投资者可以主张赔偿;如果是打压型操纵市场,在操纵期间

卖出交易而受损的投资者可以主张赔偿。相反地，如投资者在拉抬型操纵中卖出受损或在打压型操纵中买入受损，其交易行为与操纵行为不具有因果关系，系因个人投资决策等其他原因导致，对该损失不予赔偿。例如，在拉抬型操纵市场行为中，一般而言交易价格是高于股票“真实价格”的，投资者在操纵期间卖出股票的，可能由于卖出时点不佳，其实际卖出股票的价格低于股票的“真实价格”而造成损失，因为该卖出损失与操纵行为不具有因果关系，损失不应由操纵行为人承担。

2. 交易时段

本课题组认为，具有交易因果关系的交易时段包括操纵行为期间和行为影响消除期间，即影响消除期间为操纵行为结束后，市场价格回落到“真实价格”的期间。具体理由有以下几点。

只要市场价格因为操纵行为产生了扭曲，即市场价格与“真实价格”不一致，投资者因为对价格的信赖而进行了投资，在该时间段内投资者的交易与操纵行为具有因果关系。具体而言，在拉抬型操纵市场行为中，适格投资者的买入时间是在操纵市场行为开始到影响力消除前；在打压型操纵市场行为中，适格投资者的卖出时间是在操纵市场行为开始到影响力消除前（参考虚假陈述民事赔偿责任纠纷中基准日的概念。在恒康医疗案中，法院虽然没有提出影响消除日的具体概念和计算方式，但是认为投资者在操纵期间结束次日的交易价格与操纵具有关联，在损益相抵中将操纵结束次日投资者的卖出股票纳入损益相抵的考虑范畴）。

交易型操纵行为和信息型操纵行为的影响消除日的界定，根据两种操纵行为的影响方式而有所不同。在交易型操纵中，操纵行为人通过操纵交易，扭曲市场供求关系，交易型操纵的影响完全消除的时点为操纵行为人反向交易结束后，受到影响的证券交易价格和交易量回落到真实状态的时点。对信息型操纵的影响完全消除的时点的界定，则需要考虑在信息型操纵中，存在两部分行为：虚假陈述等滥用信息优势行为和反向操纵交易行为。反向交易结束后真实信息不会主动被揭露，操纵行为中的虚假信息对价格的影响仍然存在，该虚假信息被揭露后，证券交易价格才会逐渐回落到真实价格。因此，信息型操纵对市场价格的影响完全消除的时点为虚假信息被揭露后价格回落到真实价格的时点。

3. 交易因果关系的切断

在两种特定情况下，投资者的交易与操纵行为之间的交易因果关系应被切断：一是投资者明知操纵行为存在而进行投资的，如在信息型操纵市场行为中，投资者如果是在信息被揭露后买入,投资者明知证券价格不真实仍然购买,则不能获赔;二是投资者存在恶意投资、操纵证券价格的。

4. 交易因果关系证明责任

推定因果关系,即由被告承担因果关系不成立的举证责任,主要从证明责任分配的角度分析应采因果关系推定标准。采用推定因果关系主要基于五个方面的考虑。一是从双方当事人距离证据远近的角度考虑。在操纵市场侵权中,操纵行为人处于优势地位,其具备证券专业知识,精通证券交易有关技术,对其操纵市场行为所引起的证券价格变动的信息掌握得更加充分,且拥有财力和专业技术设备。受害者距离证据较远,难以接近该证据。故由操纵行为人承担不具备因果关系的证明责任更加合理。二是从举证能力的角度考虑。在价格影响因素众多、价格波动的内在作用机制复杂、专业性和技术性极强的证券市场中,普通投资者客观上难以获得材料证明操纵市场行为对价格变动的确产生了作用且其他因素对价格变动无影响,也就无法证明直接因果关系或者条件关系的存在。三是从法益保护的角度考虑。操纵市场行为危害性严重,应当严厉打击操纵市场违法行为,保护在证券市场中处于弱势地位的中小投资者的合法权益。如果参考传统民事侵权行为诉讼采相当因果关系理论证明,则要求较高,无法有效遏制该违法行为,且不利于保护投资者。四是从理论基础的角度考虑。操纵市场以"欺诈市场理论"为理论基础,股票价格常随着市场信息的变化而变化,操纵行为的基本特征是使股价偏离真实价格,导致投资者根据扭曲价格进行判断进行了交易,故推定该交易行为系因为操纵行为诱导的结果。五是参考虚假陈述的因果关系推定规则。操纵证券市场侵权中投资者受到的损失和操纵行为之间的因果关系,与虚假陈述侵权中的因果关系具有可参考性。因此,综合以上考量,宜采用因果关系推定原则,实现价值平衡。

(三)损失因果关系认定

损失因果关系,是指操纵行为系投资者产生特定数额之损失的原因。操纵行为导致投资者购买股票时的实际交易价格偏离"真实价格",导致投资者买入价格偏高或卖出价格偏低。因为受同一操纵行为影响的不同投资者,会由于已有持股仓位和成本的不同以及对受操纵行为影响的市场交易价量信号含义的判断不同,而对同一操纵市场行为产生不同的反应,在不同的时段实施买卖行为,从而产生不同的损失,甚至不产生损失。在投资者交易方向、操纵市场的方式和操纵行为实际作用力之下会产生多种匹配结果,应当分门别类予以考察。

1. 系统性风险损失部分不予赔偿。投资损失与操纵证券市场行为之间因果关系的推定是建立在“欺诈市场理论”的逻辑基础之上，故对于因大盘指数或板块指数大跌而引起的个股股价波动，所造成的投资者损失系由市场风险所致，不应由操纵行为人承担赔偿责任。侵权损害赔偿的计算应有效剔除系统风险的“干预”。

2. 其他风险因素损失部分不予赔偿。其他风险因素包括案涉证券真实价值变动等，主要为上市公司经营管理中的重大变故、重大挫折。该部分风险因素与操纵行为无关，却导致了价格发生波动，故应当在损失赔偿中予以扣除。可以通过对上市公司的重大事件影响纳入“真实价格”曲线，实现影响扣除。

（四）损失及赔偿范围

《中华人民共和国民法典》（以下简称《民法典》）“总则编”和“侵权责任编”确定了侵权损害赔偿补偿性质，即“填平”原则，损失赔偿范围包括直接损失和可得利益。对于操纵证券市场民事赔偿的损失及赔偿范围应当考虑损益相抵原则和损失赔偿范围限制。

1. 损失范围为投资差额及其佣金、印花税、资金利息

就损失范围为投资差额及其佣金而言，其与虚假陈述原理相似。关于印花税，可以投资差额损失为基数，按照印花税千分之一的征收标准，确定印花税损失金额，若是印花税仅对卖出方单边收取，则投资差额损失部分无佣金损失。关于佣金，可以以投资差额损失为基数，参照当时券商收取佣金的一般标准，以及该投资者的实际佣金标准予以确定。关于利息损失计算，可以投资差额损失为基数，参照投资者第一笔有效交易至行为影响消除日或基准日，按银行同期活期存款利率计算。

2. 损益相抵原则的适用

若投资者在操纵开始到操纵影响消除期间存在多笔交易，则投资者可能因操纵行为中交易而获利，基于公平原则和损益相抵原则，其中盈利的交易所得利益应当在损失中抵扣。如在拉抬型操纵市场行为中，投资者在操纵期间卖出股票的，其实际卖出股票的价格高于股票的“真实价格”的差额，是投资者因操纵市场行为获得的利益。同理，在打压型操纵市场行为中，投资者在操纵期间买入股票的，其实际买入股票的价格低于股票的“真实价格”的差额，是投资者因操纵市场行为获得的利益。因获得利益与交易损失基于同一原因，根据公平原则和损益相抵原则，在损失中应当扣除所得的利益。

但是，拉抬型操纵投资者买入或打压型操纵中投资者卖出盈利的，该盈利与操纵

行为不具有损失因果关系。例如,拉抬型操纵影响的交易价格高于“真实价格”,但这种情况下投资者却因为买入时点等其他因素导致买入价格低于“真实价格”,该笔交易获利与操纵行为不具有损失因果关系,不适用损益相抵原则,该部分利益不应抵扣。

3. 损失赔偿范围限制

对于操纵市场民事损失赔偿是否需要设置限额,本课题组认为,应当对侵权行为人的损失赔偿范围设定上限。具体赔偿限额根据案件情况确定,以投资者的实际损失为基础,兼顾操纵行为人过错、清偿能力、投资者受害程度、损害结果等因素,同时参照 2019 年修订的《证券法》罚则部分的规定,将赔偿数额限制在违法所得或罚金的一定倍数以此协调各方利益的协调。具体理由有以下几点。

操纵行为人对投资者的侵权通过市场影响投资者,民事赔偿的适格原告包括全部交易投资者,但适格原告与操纵行为人可能并非交易对手方,原告投资者的损失也不必然表现为操纵行为人的非法获利。部分投资者的损失可能表现为其他投资者的获利,对于该部分单纯获利并未要求投资者返还,故如果由操纵行为人对该部分损失进行全部赔偿有失公允。如果受侵害的投资者众多,总体损失金额巨大,操纵行为人交易数量有限且违法获利并不多,若让操纵行为人承担所有受损投资者的损失而不设上限,会使操纵行为人责任过重。基于价值衡平的考虑,应对最终损失赔偿数额进行必要的限制。对证券欺诈行为的民事责任设置上限,以避免过分赔偿,也是法治发达国家的通行选择。同时,在民事赔偿损失认定中,司法审查已经采用全部投资者为适格原告、因果关系推定等倾向保护投资者的裁判规则,使证券侵权赔偿的主体和范围均已扩大,但这可能会使证券侵权赔偿数额存在过大的后果,故应当在损失范围限定中予以修正限定。

关于操纵市场民事损失赔偿应否设限,需要对虚假陈述和操纵市场综合考虑。我们认为,目前虚假陈述民事赔偿中并未设置赔偿上限,而信息型操纵行为是虚假陈述行为与反向交易获利行为的叠加,如果欺诈行为人在有反向交易获利时赔偿需要设限,而无反向交易获利时反而需要赔偿投资者所有损失,有失公允。上文关于操纵市场损失赔偿限制的说理同样适用于虚假陈述,因此建议就虚假陈述问题而言,今后立法中也应当引入设置赔偿限额的规定。同时,根据 2019 年修订的《证券法》第 220 条的规定,违法行为人的财产不足以支付的,优先用于承担民事赔偿责任。在实践中,或者因为行政处罚多领先于民事诉讼,违法所得已经被收缴国库,受害人民事赔偿无法被执行。这需要进一步理顺民事赔偿和行政处罚的关系，在行政执法中对没收违法所得进行特殊处理，与民事赔偿诉讼的执行进行有机衔接。

六、损失计算的具体方式

操纵市场民事赔偿应以填补为原则，计算操纵行为给原告带来的损失。所以操纵市场民事赔偿的核心是对操纵行为定价，具体量化操纵行为对原告利益的影响。

（一）确定损失计算区间

确定损失计算区间是计算损失的前提，在不同的操纵类型中，影响股价偏离正常价格的行为方式不同。例如，交易型操纵中影响股价的行为方式往往是通过操纵交易量而实现的，而信息型操纵中影响股价的行为方式包含利用信息优势和进行反向交易，所以二者的损失计算期间也不尽相同。

交易型操纵案件的损失计算区间是操纵行为开始日到操纵行为影响消除日，其中包含的时间参数为操纵行为开始日、操纵行为结束日、操纵行为影响消除日。

信息型操纵的损失计算区间应从操纵开始日到全部影响消除日，因为此时证券侵权行为的影响是由虚假陈述和反向交易两个影响因素共同引起，在反向交易行为影响消除后，信息型操纵的整体影响并没有全部消除，虚假信息仍然扭曲股价，直到虚假信息被揭露后的一段期间后，影响消除，股价才得以回归真实价值。因此，操纵案件的时间参数包括操纵行为开始日、反向交易结束日、反向交易影响消除日、虚假陈述揭露日、虚假陈述影响消除日（基准日）（见表5）。

表5　交易型操纵与信息型操纵时间参数对照

类型	作用力	时间参数				
交易型操纵	交易	操纵行为开始日	操纵行为结束日	操纵影响消除日		
信息型操纵	交易+信息	操纵行为开始日	反向交易结束日	反向交易影响消除日	虚假陈述揭露日	虚假陈述影响消除日（基准日）

需要指出的是，在各类时间参数中可根据《行政处罚决定书》等行政机关审查的材料确定的包括操纵行为实施日、操纵行为结束日、虚假陈述揭露日。但是本操纵行为影响消除日（反向交易影响消除日）和基准日的确定却存在争议。本课题组认为，要确定这两个时间参数，应考虑该其设置的目的，即使价格回归到较平稳的状态且趋

近于真实价格,当市场完成了 100% 的换手率就证明欺诈行为已经被市场吸收,影响接近消除,所以应以 100% 换手率作为判断标准。但是有时市场流通速度较慢,甚至出现长期停牌的情况,此时很难达到 100% 换手率的要求,故此时可以将时间参数限定为行为结束或虚假陈述揭露日后的 30 日[①]较妥当。所以在确定影响消除日或基准日时应以 100% 换手率为原则,故若处于难以适用 100% 换手率的情况则再启用 30 日的标准。

(二)交易型操纵的损失计算方法——"点差法"

本课题认为,在交易型操纵的损失计算上应适用"净损差额法",并且对其进行合理的改良。本课题组在恒康医疗案件中原告提出的损失计算方法的基础上进行损失计算区间上的优化,设计出"点差法",即根据行业类比法或多因子量化模型计算出操纵行为实施日到操纵影响消除日区间之内的模拟真实价格,采用投资者实际交易价格和模拟真实价格对比的方法来计算投资者因市场操纵导致的投资损益。

1. 拉抬型操纵的损失计算公式

在拉抬型操纵的情况下,计算出模拟真实价格后,通过以下两个步骤计算出每个投资者因操纵导致的投资差额损失。

第一步,计算单笔投资差额损失,公式如下所示:

单笔投资差额损失 =(真实成交价格 - 模拟价格)× 成交数量

其中,成交数量的符号体现交易的方向。对于买入交易,成交数量为正数;对于卖出交易,成交数量为负数。

第二步,计算投资者累计投资差额损失,公式如下所示:

投资差额损失 = 实施日至影响消除日期间单笔投资差额损失之和

如果计算结果为负数,则表明投资者获利,无索赔资格;反之,可索赔。

此外,考虑拉高型操纵的特殊性,即易导致投资者以高价买入股票,在买入交易中受损,或以高价卖出股票,在卖出交易中获利,因此有效交易行为仅包括"买入受损"和"卖出获利"两类行为。若出现以下两种情形,应认为投资损益与市场操纵无因果关系,不参与上述两步投资差额损失的计算:

买入获利:在买入交易中,真实成交价格低于模拟价格;

① 30 个交易日是资产定价中常用的时间窗口期,本课题组认为,可以借鉴用于此处关于影响消除的合理期限量化上。根据《最高人民法院关于审理证券市场虚假陈述侵权民事赔偿案件的若干规定》第 26 条关于基准日的确定也采 30 个交易日作为标准之一。

卖出受损：在卖出交易中，真实成交价格低于模拟价格。

2. 打压型操纵的损失计算公式

在打压型操纵的情况下，计算出模拟真实价格后，通过以下两个步骤计算出每个投资者因操纵导致的投资差额损失。

第一步，计算单笔投资差额损失，公式如下所示：

单笔投资差额损失 =（真实成交价格 − 模拟价格）× 成交数量

其中，成交数量的符号体现交易的方向。对于卖出交易，成交数量为正数；对于买入交易，成交数量为负数。

第二步，计算投资者累计投资差额损失，公式如下所示：

投资差额损失 = 实施日至影响消除日期间单笔投资差额损失之和

如果计算结果为负数，则表明投资者获利，无索赔资格；反之，则可索赔。

此外，考虑到打压型操纵的特殊性，即易导致投资者以高价卖出股票，在卖出交易中获利，或以高价买入股票，在买入交易中受损，因此有效交易行为仅包括“卖出受损”和“买入获利”两类行为。若出现以下两种情形，应认为投资损益与市场操纵无因果关系，不参与上述两步投资差额损失的计算。

卖出获利：在卖出交易中，真实成交价格高于模拟价格；

买入受损：在买入交易中，真实成交价格高于模拟价格。

（三）关于信息型操纵损失计算的特别注意事项

信息型操纵对股价的扭曲包括两个原因力，即虚假陈述与反向交易，虽然损失计算区间与交易型操纵有所区别，但在损失计算方式上二者基本相同。需要注意的是，在揭露日之后到虚假陈述影响消除日之间的损失计算区间中，因为揭露行为实际上阻却了投资者买入交易的因果关系，所以买入行为在该区间不计算损失。此时虚假陈述影响股价的原因力虽正在被市场逐步吸收，但还没有完全消除，所以投资者的卖出行为仍要与模拟真实价值进行做差，计算损益并作相应扣除。

（四）模拟计算结果展示——以 A 公司操纵市场案为例

首先，根据 A 公司收到的《行政处罚决定书》确定案件的操纵区间。以 2014 年 1 月 17 日为操纵行为开始日，2014 年 1 月 27 日为反向交易结束日，2014 年 2 月 27 日为反向交易影响消除日，2014 年 3 月 23 日为虚假信息揭露日，2014 年 5 月 18 日为基准日。

其次，根据行业类比法或多因子量化模型计算 A 公司股票的模拟真实价格（见

表 6)。

表 6　模拟价格对照

交易日期	模拟收益率/%	模拟真实价格/元
2014 年 1 月 17 日	-1.53	6.40
2014 年 1 月 20 日	-0.38	6.38
2014 年 1 月 21 日	1.64	6.48
2014 年 1 月 22 日	1.54	6.58
2014 年 1 月 23 日	0.41	6.61
……	……	……
2014 年 5 月 18 日	-0.61	7.13

最后,逐笔计算交易盈亏,进行盈亏相抵汇总,根据计算结果判定投资者索赔资格和索赔金额(见表 7)。

表 7　投资者损益对照

姓名	交易日期	买卖方向	成交数量/股	成交价格/元	模拟真实价格/元	单笔盈亏/元	盈亏合计/元
张三	2014 年 1 月 20 日	买入	30,000	8.05	6.38	50,100	19,220
	2014 年 1 月 21 日	卖出	-20,000	8.624	6.48	-42,880	
	2014 年 1 月 22 日	卖出	-10,000	6	6.58	不计入	
	2014 年 1 月 23 日	买入	10,000	6	6.61	不计入	
	2014 年 2 月 23 日	买入	10,000	7	5.80	12,000	
李四	2014 年 1 月 20 日	买入	10,000	8	6.38	16,200	-2900
	2014 年 3 月 20 日	卖出	-18,100	6.33	5.06	-22,987	
	2014 年 3 月 28 日	买入	18,100	8.33	5.06	不计入	
	2014 年 3 月 29 日	卖出	-10,000	6.1	6	-1000	

所以投资者张三可以得到赔偿 19,220 元,投资者李四不应得到赔偿。

七、结　　语

随着市场的发展和科技进步,操纵证券市场作为一种资本市场严重的违法犯罪行为,不仅对证券市场,而且对期货市场和衍生品市场均产生严重危害,操纵证券市场一直是各国证券监管机关、投资者、上市公司关注的焦点。目前,我国关于操纵证券市场民事法律制度尚未形成完善体系,这给追究操纵证券市场民事赔偿责任带来一定的难度。本课题组从概念规范分析着手,对操纵证券市场行为的法律概念进行界定,分析操纵证券市场行为类型,并在对域外法律对操纵证券市场行为规制进行梳理分析的基础上,系统探讨了操纵证券市场民事法律责任构成、责任认定要件、因果关系及损失计算方法,以期构建完整的操纵证券市场民事赔偿责任的法律概念体系。

理论源于实践,进而指导实践。通过梳理现有理论观点、操纵证券市场民事赔偿责任立法及纠纷案件情况,本课题组发现,不同类型的操纵证券市场行为对股票真实价值的影响方式有所不同,尤其是在信息型操纵证券市场行为中,有可能操纵行为与虚假陈述行为交织在一起,共同对目标股票价值施加影响,因此在具体计算损失时,必须对两种行为发生的时段,以及不同损失计算方法加以协调,进一步细化完善操纵证券市场民事赔偿的损失计算方法。同时,在研究分析证券虚假陈述行为与操纵证券市场行为对市场价格扭曲的作用机制与作用结果的基础上,提出可将"点差法"作为证券虚假陈述与操纵证券市场两种行为所致投资者损失的统一计算方法。实践是检验理论的必经途径,在实践中,不断理清模糊概念,填补空白地带。希望本课题组的初步研究可以为不断完善操纵证券市场行为民事赔偿法律责任体系提供理论支持,从而对我国资本市场的规范健康发展有所裨益。

证券特别代表人诉讼实践若干问题研究

华东政法大学肖宇课题组*

摘　要:我国证券特别代表人诉讼制度,是2019年《证券法》增加的强化投资者保护的事后救济措施,有威慑违规者和救济投资者等多重作用。最高人民法院司法解释、中国证监会相关规定和投服中心业务规则等规则的出台,为制度的构建和实施提供了具体路径。康美药业案作为制度落地的第一案,为新制度的实践开创了道路。特别代表人诉讼作为我国新的诉讼模式,在理论与实践中仍存在诸多问题有待厘清和解决,本文对该制度在案件选取、投资者范围确定、投资者参与诉讼的激励措施、通知方式、投保机构参与调解、投资者退出权、赔偿金分配、律师激励、与股东代位诉讼的衔接及破产程序的交叉等方面存在的困境进行了分析,提出了完善建议,以期更好地推动证券特别代表人诉讼制度的完善和常态化。

关键词:集团诉讼　特别代表人诉讼　普通代表人诉讼　投资者权益保护

引　言

2019年修订的《证券法》第95条第3款确立了有中国特色的特别代表人诉讼制度。该制度赋予投保机构提起证券特别代表人诉讼的权利,退出制的代表人诉讼机制,为投资者提供了高效便捷的救济路径,并对证券相关主体产生了威慑效果。2020年7月,为配合证券诉讼改革的一系列实施措施出台,最高人民法院发布《关于证券

* 课题组负责人:肖宇,华东政法大学国际金融法律学院教授。课题组成员:单素华,上海市高级人民法院金融审判庭庭长;秦拓,深圳市中级人民法院金融庭法官;罗娜,深圳市福田区人民法院综合审判庭副庭长;朱纯烨、王子康、陈倩琳、倪晟,华东政法大学国际金融法律学院法律与金融专业硕士研究生;肖遥,密歇根大学法学院硕士研究生。

纠纷代表人诉讼若干问题的规定》(以下简称《代表人诉讼若干规定》),中国证监会发布《关于做好投资者保护机构参加证券纠纷特别代表人诉讼相关工作的通知》(以下简称《代表人诉讼工作通知》),投服中心发布《特别代表人诉讼业务规则(试行)》(以下简称《代表人诉讼业务规则》)等有关规定,为我国代表人诉讼提供了实施和操作的路径。

2021 年 3 月,康美药业案作为首例特别代表人诉讼启动了诉讼实践。2021 年 11 月,广州市中级人民法院(以下简称广州中院)判决被告赔偿 24.59 亿元,以投服中心为诉讼代表人的投资者胜诉。特别代表人诉讼的成功实践也引发了各界对制度更广泛和深刻的讨论。案件选取机制、50 名以上投资者的产生方式及角色功能、适格投资者的范围、投保机构参与调解及具体实施程序、通知方式、在起诉和上诉中的退出权、特别代表人诉讼与破产程序交叉下的投资者保护、赔偿金的分配以及律师激励等问题,均有待进一步研究。为此,本文将从特别代表人诉讼的程序制度设计、与诉讼相关的实体问题以及诉讼与破产相交叉的相关问题展开,对上述相关实务问题进行深入研究,以期能对特别代表人诉讼的实践提供理论参考,有助于推动特别代表人诉讼制度的有效实施和常态化运行,促进我国证券市场的持续健康繁荣发展。

一、特别代表人诉讼的制度基础与实践现状

我国证券市场从 1990 年正式建立以来,已有 30 多年的发展历程。2003 年最高人民法院发布《关于审理证券市场因虚假陈述引发的民事赔偿案件的若干规定》(以下简称原《虚假陈述若干规定》),开始探索证券诉讼司法救济机制,从起初的寥寥数案到现如今的案件数量激增,司法审判的经验不断积累、案件标准逐步完善、裁判水平已有长足进步。但是,在提起民事诉讼要求行政处罚或刑事裁判作为前置程序的情况下,学者的实证研究发现,以 2002 年到 2011 年符合前置程序要求的各类处罚为 253 个,但提起诉讼的案件只有 65 个,仅占约 25.7%,[①]诉讼的效率和投资者的诉讼积极性不高。在美国证券领域的集团诉讼制度运转的经验和教训值得关注。集团诉讼,是指具有共同法律利益的一方当事人人数众多时,由其代表人为全体相同权益者进行诉讼,法院判决的效力及于全体的一种诉讼制度,采取当事人"明示退出,默示加

---

① 黄辉:《中国证券虚假陈述民事赔偿制度:实证分析与政策建议》,载黄红元、徐明主编:《证券法苑》(第 9 卷),法律出版社 2013 年版,第 973 页。

入”的“选择退出制”(opt – out)规则,在实践中有快速聚合多数投资者,以及律师在胜诉酬金制度的激励下有助于发现市场违规行为的优点,但存在律师操纵诉讼导致滥诉和恶意诉讼,以及投资者和解赔付率低等缺点。① 2019 年《证券法》结合我国的现实,在第 95 条第 3 款正式确立了具有中国特色的特别代表人诉讼制度,该制度赋予投保机构提起证券纠纷特别代表人诉讼的权利,投资者“默示加入,明示退出”,为广大投资者提供了高效的维权路径,并对证券市场的违规主体产生威慑效果。最高人民法院《代表人诉讼若干规定》、中国证监会《代表人诉讼工作通知》、投服中心《代表人诉讼业务规则》及深圳中院和上海金融法院出台的证券纠纷诉讼程序规则对特别代表人诉讼作出了进一步细化的规定。证券特别代表人诉讼在法律和制度层面已基本成形,需要在实践中进一步观察和探索制度的实施效果和完善路径。

康美药业案是特别代表人诉讼制度正式实行后的第一案,于 2021 年 11 月 12 日由广州中院宣判。判决认定本案受损投资者共有 52,037 名,损失赔偿金额约为 24.59 亿元,由康美药业对投资者予以赔偿,并明确了各被告,尤其是实控人、时任董监高等应承担的责任比例。当事人均未上诉,该案一审判决生效。作为迄今为止我国证券诉讼判决赔付金额最高、获赔人数最多的案件,康美药业案引发了社会各界的广泛关注以及对案件实体与程序问题的热烈讨论。对实体方面的关注点主要包括揭露日的选取、交易因果关系的确定、系统风险的剔除、中介机构及其有关人员的责任认定,以及独董责任的认定与边界等问题。对本案程序方面的关注点则在于:一是程序启动和案件选定问题,此前中国证监会和投保机构明确规定了程序启动前的案件预研制度和重大案件评估机制,康美药业案的启动程序和案件选定起到了良好的示范作用;二是在原告范围的确定以及通知上,如何才能联系上受侵害的投资者,如果投资者不知道诉讼发生判决能否对其生效,在康美药业案中采取的是公告送达的方式,这是否是最佳处理方式;三是在特别代表人诉讼的上诉问题,包括上诉的退出权,上诉后的判决效力范围问题等,虽然康美药业案中原告作出了不予上诉的决定,但在未来的特别代表人诉讼中上诉问题仍有较大可能出现;四是在破产重整与赔偿诉讼的衔接上,这关乎受侵害投资者最终是否能够得到理想的赔偿数额。康美药业案作为第一例特别代表人诉讼案件,在威慑和救济上起到了良好的效果,但在实践过程中遇到的障碍也说明,特别代表人诉讼制度的诸多细节问题仍待进一步厘清和完善。

---

① 张巍:《美式股东集团诉讼问题与矛盾》,载郭文英主编:《投资者》第 9 辑,法律出版社 2020 年版,第 167 页。

以下就对特别代表人诉讼制度设计和运行中的具体问题进行探讨。

二、特别代表人诉讼制度具体问题探讨

(一)是否要将普通代表人诉讼设置为特别代表人诉讼的前置程序

2019年《证券法》第95条对代表人诉讼进行了规定,分为3款:第1款为"投资者提起虚假陈述等证券民事赔偿诉讼时,诉讼标的是同一种类,且当事人一方人数众多的,可以依法推选代表人进行诉讼"。第2款为"按照前款规定提起的诉讼,可能存在有相同诉讼请求的其他众多投资者的,人民法院可以发出公告,说明该诉讼请求的案件情况,通知投资者在一定期间向人民法院登记。人民法院作出的判决、裁定,对参加登记的投资者发生效力"。第3款为"投资者保护机构受五十名以上投资者委托,可以作为代表人参加诉讼,并为经证券登记结算机构确认的权利人依照前款规定向人民法院登记,但投资者明确表示不愿意参加该诉讼的除外"。

2019年《证券法》第95条规第2款规定了普通代表人诉讼,第3款规定了特别代表人诉讼,对于第2款与第3款之间的关系,是递进关系还是并列关系,目前有争议,即特别代表人诉讼的提起是否需要普通代表人诉讼作为前置条件。一种观点认为是递进关系,因为《证券法》第95条第3款的表述中有"参加"一词,表示诉讼已然存在;认为是并列关系的观点则主张"参加"一词并不必然指参加普通代表人诉讼,也可能指参加一般的证券诉讼。本文建议采用并列式立法而非递进式,原因在于:首先,普通代表人诉讼以"推荐代表人"和"选择加入制"为特征,而特别代表人诉讼则以"投保机构主导"和"选择退出制"为特征,其内在逻辑不同。其次,实践中普通代表人诉讼的适用比例很低,2019年《证券法》颁布后,作出判决的仅有几起。从当前的实践来看,在飞乐音响案、五洋债案等案件推动的过程中,课题组调研发现,律师不愿意将征集的代理投资人的案件转化为普通代表人诉讼,一方面,可能失去代理权,另一方面,由于律师费用不能按市场价格定,收益也会急剧下降。因此目前普通代表人诉讼的制度设计还有待改善。

另外,还可能产生不同管辖法院可能会对权利人登记范围的认定存在意见分歧的情况。根据最高人民法院《代表人诉讼若干规定》,特别代表人诉讼实行相对集中管辖原则,由交易所所在地上海金融法院或深圳市中级人民法院管辖。普通代表人诉讼与特别代表人诉讼会因上市公司住所地与所涉证券集中交易场所地不同而导致

案件由不同法院管辖。这样,一方面,存在案件管辖权的转送比较复杂,不确定性因素较多;另一方面,普通代表人诉讼发布权利登记公告之前必须首先确定权利人范围,这需要法院确定虚假陈述行为的揭露日。如果普通代表人诉讼的受理法院与后续特别代表人诉讼受理法院在该问题上认识不一致,还会产生权利登记公告内容的冲突。① 因此,将普通代表人诉讼作为特别代表人诉讼启动的前置程序,会成为特别代表人诉讼启动的重大障碍。

当然,并列式的观点也会增加投保机构的压力,例如,没有普通代表人作为"屏障",投保机构可能会直接面临更大的选案压力等,选案标准的科学性与公正性就更为重要。但从特别代表人诉讼更广泛的适用性和市场引领作用来看,需要给投保机构更大的选案自主权。而且投资者保护机构的重要定位之一是弥补市场机制自身的不足,应当能够对无人愿意发起的、有难度的、律师难以启动的诉讼进行突破,而不是仅将已发起的普通代表人诉讼加以转化。

(二)案件选取机制

由于我国的特别代表人诉讼只能由投保机构作为代表人提起诉讼,投保机构的人力物力有限,仅能选取有代表性的案件提起诉讼。特别代表人诉讼的威力巨大,案件选取的实体标准和程序标准非常重要。

1. 案件的适用范围

根据最高人民法院《代表人诉讼若干规定》,代表人诉讼适用于因证券市场虚假陈述、内幕交易、操纵市场等行为引发的诉讼。目前的证券诉讼是以虚假陈述为主,内幕交易、操纵市场由于在因果关系认定等方面的难点,投资者的范围较难确定,特别代表人诉讼在案件的适用范围上既可以选择虚假陈述案件,从市场引领来看,操纵市场案、内幕交易案,也是可以试用和探索的。

2. 特别代表人诉讼选择的案件应当有重大性、典型性和社会影响恶劣的特点

特别代表人诉讼赔偿金额高、威慑程度大,在资源有限的情况下,应聚焦违法性及危害性更大、社会关注度更高的案件,使打击力度与危害性相匹配,选取案件也应当有一定的典型性和代表性,同时,也可考虑将有限的资源用于投资者较难自主维权的疑难案件。在选案公布时应向公众说明选择的理由。其他案件可由投资者通过市场机制由市场律师来推动行权。大多数的证券诉讼案件应是由市场律师提起的诉讼

① 单素华:《证券纠纷特别代表人诉讼相关程序性法律问题分析》,载郭文英主编:《投资者》第9卷,法律出版社2020年版,第69页。

来解决，其他诉讼制度创新如支持诉讼、示范诉讼[①]也能发挥相应的作用。

投保机构还应当考量胜诉可能性及被告赔付能力，以确保特别代表人诉讼的效用的最大化。但需注意的是，有赔付能力不一定是高赔付率，康美药业案的高赔付率，与强有力的破产重整方案有关。而实践中，集团诉讼的案件赔偿金额大，而公司资质本身就欠佳，很容易触及破产程序，能实现一定的赔付比例就是不错的结果。

3. 案件选取的程序

根据投服中心的规则，案件的选取程序为：第一步，由投服中心对案件进行预研；第二步，预研认为有必要参加的，可启动重大案件评估机制；第三步，评估专家充分讨论预研报告内容，独立发表意见；第四步，投服中心结合重大案件评估会意见，决定是否参加特别代表人诉讼。可见，投保机构可以建立专家评估机制，根据国家经济金融形势、资本市场改革发展、具体案件情况、社会舆情、投资者需求以及相关部门提议等，研究决定是否选择参加相关案件进行特别代表人诉讼。由于特别代表人诉讼影响力巨大，选案程序的标准化和程式化是非常重要的。

（三）投服中心代表的适格投资者的范围

根据《证券法》和最高人民法院《代表人诉讼若干规定》，确定代表人诉讼适格投资者范围的基本流程如下：对起诉时当事人人数尚未确定的代表人诉讼，在发出权利登记公告前，法院可以通过阅卷、调查、询问和听证等方式对被诉证券侵权行为的性质、侵权事实等进行审查，并在受理后 30 日内确定具有相同诉讼请求的权利人范围。可能存在有相同诉讼请求的其他众多投资者的，法院可以发出普通代表人诉讼权利登记公告，说明该诉讼请求的案件情况并通知符合权利人范围的投资者在一定期间向法院登记。投保机构可以根据案件具体情况决定是否发布说明公开接受投资者委托，若经 50 人以上投资者的特别授权则可以作为代表人参加诉讼。投保机构向证券登记结算机构调取权利人名单并向法院登记，由法院发布权利登记公告。投资者未在公告期间届满后 15 日内向法院声明退出，视为同意参加该代表人诉讼。由于划定权利人范围涉及先行审查，而该程序又在开庭审理之前，故进入实体审理后，如确有证据证明应当重新划定权利人范围的，人民法院可以根据新查明的事实裁定变更权利登记范围并进行公告。[②]

---

① 秦拓、罗娜：《示范诉讼：现实选择与程序完善》，郭锋主编，李东方、邢会强执行主编：《证券法律评论（2021 年卷）》，人民法院出版社 2021 年版，第 409 页。

② 参见林文学等：《〈关于证券纠纷代表人诉讼若干问题的规定〉的理解与适用》，载《人民司法》2020 年第 28 期。

从上述法律规定和康美药业案的实践情况来看,无论何种类型的投资者均没有被排除在特别代表人诉讼的范围之外。从监管的角度来看,受害投资者应当一体且平等地得到保护,才能体现公平。[①] 凡受到上市公司证券欺诈行为影响、因买卖或持有股票遭受损失的投资者,无论是散户还是专业的机构投资者,原则上均可以作为特别代表人诉讼的适格原告参与诉讼。

在原则上应纳入原告范围的基本思路下,还有如下情形需要特别关注。首先,无论是个人还是机构投资者,只要法院尚未作出一审的最终裁判,集团成员原则上都享有声明退出权。[②] 例如,康美药业案中就有9位明示退出的投资者,因在揭露日等区间的计算上与投服中心意见不同,计划由律师代理另行起诉。[③] 其次,应事先排除明显不符合条件的投资者。例如,对于主导或参与证券欺诈的大股东或实际控制人,若其已经作为被告,自然无法再作为适格原告。若其暂未被作为被告起诉,鉴于未来可能追加被告,且已有证据证明该特定人参与了欺诈行为,也可建议要求其在可退出的期间内主动退出或由法院将其剔除,不作为原告。又如,对于定增、协议转让等以"面对面"方式购入并持有股票的投资者,由于并不只是依赖于上市公司公开披露的信息,故不应纳入适格投资者范围。最后,直接将专业机构投资者排除在特别代表人诉讼的适格原告范围之外虽不具有合理性,在适用信赖推定规则时也不应对机构投资者苛以更高的注意义务,[④]但法院可以在案件的具体审理过程中,根据案件具体事实和举证情况来认定投资者损失与被诉主体的证券欺诈行为之间是否存在因果关系,进而决定是否将其剔除。例如,在证券虚假陈述案件中,被诉上市公司若能举证证明机构投资者曾对其进行过尽职调查,极易发现虚假陈述的事实存在,又或在法院认定的披露日或更正日之后仍买入证券,即可认定为明知虚假陈述存在而进行投资,因果关系不能成立。此时,机构投资者与个人投资者没有一致的信赖基础,也就未对诉讼请求达成共识,应该将其剔除在特别代表人诉讼的范围之外。

(四)投资者参与诉讼的激励机制及"50名以上投资者"的选取

我国证券民事侵权行为的维权问题历来存在群体困境。投资者可能因诉讼成本较高、获赔预期不稳定等因素和"搭便车"心理怠于进行维权。要解决特别代表人诉

① 参见彭冰:《中国版证券集体诉讼的发动》,载微信公众号"北京大学金融法研究中心"2020年8月1日。

② 汤维建:《中国式证券集团诉讼研究》,载《法学杂志》2020年第12期。

③ 参见冷静:《康美启示:证券集团诉讼首案的制度突破与未尽议题》,载《中国法律评论》2022年第1期。

④ 曹明哲:《证券虚假陈述责任纠纷中涉机构投资者相关争议问题研究》,载《多层次资本市场研究》2020年第2辑。

讼的启动难题，需要设置一定的激励机制，提升投资者的程序启动积极性。

1. 投资者参与诉讼的激励机制问题

对于诉讼成本较高的问题，最高人民法院已针对特别代表人诉讼规定了不预交案件受理费、申请财产保全可以不提供担保、可申请减交或者免交诉讼费等优惠政策。对于投资者获赔预期不稳定的问题，可以由法院依据被告方的赔付能力具体确定迟延支付、分期支付等支付方式，并可按照投资者的持股数占股份总数的比例确定投资者可分配的金额。还可以考虑由投保机构与证券投资者保护基金联动，在被告无法实现赔付或赔付金额过低的情况下，由投资者保护基金先对投资者予以一定比例的赔付，后向被告进行追偿。

2. "50 人"的选取及程序性问题

依据《证券法》的规定，特别代表人诉讼的启动应当有 50 名以上投资者（以下简称 50 人）的委托。在 50 人的选取等方面，有以下问题需要注意。

首先，由于投保机构的诉讼代表行为对所有投资者的权利均会产生重大的影响，应当兼顾中小投资者与机构投资者的利益。可以适当纳入机构投资者参加 50 人，因为他们有较强的专业能力和谈判能力，可能对后续的诉讼工作起到辅助作用。[①] 在具体的利益分配上，中小投资者与机构投资者可能存在一定程度上的利益不一致，应当对 50 人的构成设置一定的比例。此外，可考虑将投资者报名的时间先后、在诉讼中的经济利益，及其持股数量、损失金额等作为选择依据。另外，为鼓励投资者参与，投保机构可以赋予 50 人更多的程序参与权，如参与投保机构的案件讨论，发表看法并提出诉求等。

其次，对于特别代表人诉讼程序启动后部分投资者选择退出，是否导致投保机构所受委托少于 50 人的而影响后续程序，最高人民法院在《代表人诉讼若干规定》中指出，只要投资者保护机构在程序启动之时已征集到 50 名以上投资者的委托，即应认为特别代表人诉讼制度之启动符合条件，后续投资者数量少于 50 人，不影响特别代表人诉讼程序的继续进行。

（五）通知方式

目前，法律法规尚未明确规定代表人诉讼的通知方式。康美药业案中广州中院采取了公告送达的方式进行通知；在普通代表人诉讼案件飞乐音响案中，上海金融法

---

① 肖宇、朱纯烨：《证券集团诉讼和解与调解制度研究》，载黄红元、蔡建春、卢文道编：《证券法苑》第 30 卷，法律出版社 2021 年版，第 20 页。

院采取了设置专门网站以供投资者进行登记,并对登记投资者发送短信的方式进行通知。上述通知方式的差异一定程度上源于特别代表人诉讼与普通代表人诉讼的制度差异。相比于普通代表人诉讼的原告投资者主动申请并主动联络法院以及代表人,特别代表人诉讼的原告投资者多为在默示情况下加入诉讼,与相关方并无直接联络。

特别代表人诉讼的"选择退出制"可以使诉讼在未获得被代表投资者明示授权的情况下开展,由此带来的问题是被代表人可能会在根本不知有这一诉讼存在的情况下受到该诉讼判决的约束。为解决这一问题,特别代表人诉讼的通知方式应当尽可能保障所有被代表人及时、准确地了解诉讼情况,其中保障性最高的做法是对所有原告投资者逐个通知。然而,这样的做法在中国以公益性质的投保机构为特别代表人的诉讼制度下可行性很低。因为特别代表人诉讼的原告范围极广,且大部分原告投资者在默示情况下加入诉讼,若要逐一获取联系方式并进行通知需要耗费大量成本。公益性质的投保机构在人力、物力方面很难支撑过分严苛的通知要求。因此,实践中也必须考虑开展严格个人通知的资源消耗情况,在通知方式的选取上充分考虑成本收益因素,取得程序正义与实体正义的平衡。

在康美药业案中,投服中心即采用了公告送达的方式。康美药业案中,投服中心在投资者网等网站发布公告后,有很多媒体立即进行了转发,获得了较好的扩散效果。总体而言,公告送达是在现有情况下较为有效且经济的做法。

(六)投保机构参与调解及实施程序

1. 确定调解方案的现实困境和解决思路

《代表人诉讼若干规定》指出,案件审理过程中应当着重调解。投保机构作为特别代表人参与调解是一项难度较高的工作。调解是双方博弈的过程,最终能否成功的关键在于被告有多大的诚意与能力对投资者进行赔付,以及投保机构对被告赔付能力的评估。一方面,调解协议赔付比例等涉及投资者核心利益,一旦不满足投资者预期则很可能引起投资者的不满甚至是大量退出;另一方面,特别代表人诉讼的赔偿金额巨大,本来就经营不佳的上市公司又面临破产风险,很难与原告方就赔偿金额达成共识。

为此,投保机构在调解中,首先需要充分了解投资者的意愿,可以通过组织线上或线下座谈会、交流会等形式向投资者传达案件进展情况,听取意见并回应诉求;充分发挥50人以上委托投资者的作用,鼓励其参与调解协商过程,同时可以向所有符合范围的原告发布会议通知以全面地了解投资者意愿。

其次，通过法院明确投资者意愿。在《代表人诉讼若干规定》所规定的“公布调解协议草案——听证会或书面方式提出意见——修改协议内容”基本流程之外，法院还可以考虑通过“中国投资者网”等平台设置公开征求全体适格投资者意见和对协议进行民主投票表决的通道，告知投资者现阶段的权利义务，进一步明确其意愿。可以考虑规定“未投反对票或未向法院提出异议者不得再退出”来兼顾效率和公平。

最后，在被诉上市公司偿付可能性较大或反复磋商仍未达成一致意见的情况下，判决是与调解相比更为高效的选择。前述制度构想或许能减轻投保机构提出调解方案的压力，但也从程序上增加了调解的复杂性。康美药业案审理过程中，各方曾有调解的意愿和尝试，但最后没有调解成功，以判决结案，①主要是因为涉案当事人对于损失核定方法、非系统性风险扣除等法律问题存在分歧，缺乏调解磋商的基础。倘若各方能够对所要委托的第三方评估测算机构达成共识并接受评估结果，自然有利于调解的最终达成。但如果反复磋商仍无法达成一致，尽快判决或许是更加经济合理的解纷途径。

2. 调解过程应接受各方监督

首先，是法院对于调解协议的审查。《代表人诉讼若干规定》赋予了法院对调解程序进行审查的权利，在初审阶段，法院出于对调解效率的考量，应侧重对调解协议进行形式审查，若不存在重大明显违法或道德风险即可向投资者公布。随着调解程序的推进，可通过投资者意见反馈等方式对调解方案的合法性、适当性与可行性进行审查。

其次，是证监会对调解程序的监督。《代表人诉讼工作通知》指出，证监会对投资者保护机构参与特别代表人诉讼工作进行监督，投保机构应向证监会报告诉讼相关的重要情况，并在结案后提交专项报告。在诉讼中同意是否调解或和解，涉及投资者重大权利的处分，投保机构应主动向证监会相关部门及时汇报调解程序的进程，包括但不限于对投资者真实意愿的了解情况、调解方案涉及的主要内容等，听取证监会对调解的意见和建议，接受其监督，并根据实际需要依法寻求支持和服务保障。

（七）诉讼中的退出权

退出权是对投资人诉权的保障。在退出制诉讼中，代表人并不需要得到其代表

① 在康美药业案审理过程中，广州中院曾于6月18日组织召开线上调解沟通协调会，于7月27日开庭审理本案时再次征求当事人的调解意愿和方案，于9月28日主持开展了第二次调解，于11月12日作出一审宣判。从这几个时间点来看，康美药业曾进行过两次调解尝试，但本案最终仍以法院审判结案。

的投资人明示授权,被代表人可能在并不知道此诉讼的情形下受到该判决的约束。这是能否在不经本人同意的情况下强制其参加诉讼的“程序保障”问题。因此,从尊重与保护个体投资者诉权的角度来看,应赋予个体投资者选择退出的权利,这是程序公正的体现。但出于对司法效率的考量,投资者应在涉及其重大权利处置的问题时才可以申请退出。结合诉讼实践的具体流程,有三次对投资者重大权利的处置:一是提起诉讼时,二是调解结案时,三是上诉时。

1. 提起诉讼时的退出权

我国关于投资者退出权的规定主要体现在《代表人诉讼若干规定》之中。其第 29 条第 1 款中规定,符合权利人范围但未参加登记的投资者提起诉讼,且主张的事实和理由与代表人诉讼生效判决、裁定所认定的案件基本事实和法律适用相同的,人民法院审查具体诉讼请求后,裁定适用已经生效的判决、裁定。该条是关于代表人诉讼生效判决既判力扩张的规定,针对的是普通代表人诉讼,对于特别代表人诉讼则是采取“默示加入,明示退出”的规则。第 32 条第 2 款规定,不同意加入特别代表人诉讼的权利人可以提交退出声明。第 34 条规定,自公告期间届满后 15 日内向人民法院声明退出的投资者不再被列为特别代表人诉讼的原告,可以另行起诉。此时,不发生既判力扩张的效果,法院对于退出的投资者另行起诉需要另行判决。值得注意的是,在康美药业案中也有 9 位投资者退出诉讼,他们另行提起诉讼,则需要自行承担诉讼费和律师费用。

2. 调解中的退出权

前文对调解的讨论已经提到,投保机构所获得的概括性授权包括参与调解的权利。但其参与调解不仅是对程序性权利的行使,更是对投资者重大权利的处分。因此,在和解或调解过程中,被授权人的重大权利行使需十分谨慎。从我国的情况来看,由于各方对于赔偿金的数额难以达成一致意见,在特别代表人诉讼中实现调解较为困难。如果是以判决结案,法院会根据当事人之间的责任按照法定的比例进行划分,确定性强。如以调解结案,投保机构代表所有投资人的利益,难免会面临道德风险的压力,也存在一定程度的履职困境。故调解不会成为主流形式。当然,如果案件确实是以调解结案,应充分尊重投资者选择退出的权利。

3. 上诉中的退出权

根据现有规定,投服中心收到裁判文书后将予以公告,并将是否上诉的决定,在上诉期限届满前以公告等形式通知全体原告。投服中心放弃上诉,原告投资者决定上诉的，应自行向法院提交上诉状。投服中心决定上诉，原告投资者放弃上诉的，应自行通知一审法院。

这一制度安排在实践中可能遇到的问题在于，如果特别代表人诉讼允许部分原告脱离原告集团自行上诉，则可能引来上诉络绎不绝的情形，上诉数量大、诉求多样化，会在实践中给法院带来很大压力，也有悖于特别代表人诉讼制度设立时提高效率、节约资源的初衷。因此，也有观点认为，鉴于特别代表人诉讼程序启动时已给予了投资者选择退出的权利，那么上诉时无须再给投资者第二次退出权，投资者在程序启动时没有退出就相当于同意受到整个诉讼程序的约束。

但本文仍然建议应当在上诉阶段给予投资者选择退出的权利，原因在于，首先，剥夺原告的上诉权利没有法律基础，特别代表人诉讼本质仍是诉的集合，不能因为合并审理而剥夺每一位原告的上诉权。其次，即使有部分原告投资者与投服中心意见不一致，实践中可能也不会有太大的影响。因为特别代表人诉讼在一审中已经经过了大量的审理，上诉也会相对快速地解决，不会大幅增加社会成本。而且在特别代表人诉讼中，大部分小额投资者都是消极沉默的，自行上诉的比例不会太高，无须为了效率问题而限缩原告投资者的权利。

（八）赔偿金的分配

1. 赔偿金可根据投资者损失数额的比例分配

投资人损失数额的计算方法比较系统地规定在原《虚假陈述若干规定》第 31 至 33 条中。[①] 但是由于投资者损失的影响因素非常复杂，各法院都在优化损失数额的计算方法，例如使用移动加权平均法、同步指数对比法、收益率曲线同步对比法进行损失核定。在具体分配过程中，因为已经有生效的法律文书，投资者一般不能再次对认定的损失提出异议。鉴于在破产重整程序中，投资者一般不能获得全额赔偿，此时则应当按照各投资者的损失比例进行分配。在康美药业案的重整计划书中，虽未对投资者债权作出单独的处理，但规定了以 50 万元为分界线，50 万元以下的债权 100% 以现金清偿，50 万元以上的债权通过以现金、以股抵债、信托收益权等方式予以清偿。这样的做法在赔偿总额不足的情况下，尽可能保障了中小投资者能够获得现金清偿，有助于保护中小投资者利益。

① 最高人民法院《关于审理证券市场虚假陈述侵权民事赔偿案件的若干规定》已于 2022 年 1 月 22 日施行，其相应规定为第 26～28 条。

2. 赔偿金由谁分配

之前赔偿金的分配工作大多由投资者的代理律师和法院进行。[①]《代表人诉讼若干规定》中规定由人民法院来主导分配,并且由证券登记结算机构等进行协助。[②]目前代表人诉讼的赔偿金应当由法院主导进行分配。

具体程序方面,在飞乐音响案中,上海金融法院与中国证券登记结算责任有限公司上海分公司进行合作,通过证券登记结算机构的两级结算机制完成代表人诉讼的执行分配。[③] 而在康美药业案中采用的方式是康美药业按照广州中院判决的投资者名单和金额,将现金转至中国结算,由中国结算联系并将现金转至各券商,由各券商将赔偿金分配到各个投资者的账户中。[④] 但这样的分配方式在之后的实践中仍然可能存在多方面的问题。诸如中登公司、券商和投资者三者之间的衔接机制不健全、中登公司无法监督券商的具体分配情况以及部分投资者无法查询到有效账户等问题。

为了将赔偿金及时准确地分配到受损害投资者手中,有学者认为,可以根据申请选任赔偿金的分配管理人,分配管理人在法院的监督下进行具体的分配工作。对此,我国可以由证监会设立相关部门或者由投资者保护基金承担分配管理人的角色,建立统一账户、指定分配方案,并在法院的监督下协助法院完成赔偿金的分配。针对目前中登公司、券商和投资者之间的联系衔接问题,可以由证监会相关部门牵头进行协调。

(九)对特别代表人诉讼中的公益律师也需建立激励机制

特别代表人诉讼将传统集团诉讼中证券律师所承担的“启动”诉讼之职能转移给了投保机构,而将代理原告参与诉讼的职能交给了“投保机构工作人员或公益律师,[⑤]投服中心建立了由经过遴选的优秀律师所组成的公益律师库。[⑥] 但特别代表人诉讼的代理人仅能获得办案必要的食宿交通等补助。[⑦] 没有一定的激励机制,会降低

---

① 例如,在东方电子民事赔偿案中,东方电子选择用股票进行赔付,于是青岛中院联系中登深圳分公司办理过户。又如,在东方电子民事赔偿案中,最终赔偿金由代理律师从法院领取执行款。

② 《代表人诉讼若干规定》第30条第1款规定,“履行或者执行生效法律文书所得财产,人民法院在进行分配时,可以通知证券登记结算机构等协助执行义务人依法协助执行”。

③ 上海金融法院:《上海金融法院在全国首次通过证券登记结算机构全额发放飞乐音响代表人诉讼1.23亿元赔偿款》,载微信公众号“上海金融法院”2021年11月29日,https://mp.weixin.qq.com/s/plYYal0Gz2cs_Jx06nqkfw。

④ 详见中证中小投资者服务中心:《投服中心首单特别代表人诉讼开始执行》,载微信公众号“投服中心”2021年12月21日,https://mp.weixin.qq.com/s/wqhjzbUv1xWPFIwmqkZhSQ。

⑤ 参见《代表人诉讼业务规则》第12条。

⑥ 参见投服中心公益律师名单及相关介绍,载中证中小投资者服务中心网站2020年8月7日,http://www.isc.com.cn/html/gyls/20200807/1284.html。

⑦ 《司法部关于印发〈关于促进律师参与公益法律服务的意见〉的通知》(司发通〔2019〕105号)要求“有关单位组织律师无偿服务时,一般应协调相应的工作经费,为律师提供适当的交通、食宿等工作补贴”。

律师参与诉讼的积极性,或使优秀公益律师的履职难以为继,不利于特别代表人诉讼工作的常态化发展,进而影响纠纷解决效果。

1. 律师激励的重要性:优秀公益法律服务的可持续性探讨

特别代表人诉讼本身无须律师征集投资者而启动,似乎不必似传统集团诉讼般通过相对高昂的报酬以激励其发挥打破“集体行动困境”之功效,[①]然则这种想法忽略了代理特别代表人诉讼需要律师付出的时间及精力成本、特别代表人诉讼相关各方主体对于诉讼效果的期待,进而难以满足后续特别代表人诉讼工作的常态化开展的需要。[②]

特别代表人诉讼具有典型惩戒意义和一定的舆论影响,因此,社会公众对其中诉讼代理人的履职抱有维护证券市场公平正义的高期待、高要求;而证券虚假陈述诉讼本身在我国是近年兴起发展的执业领域,其对于律师就证券相关规则乃至经济与金融相关的知识和经验要求较高。据此,符合相关资历要求的律师为特别代表人诉讼提供的法律服务所对应的市场价值,势必与公益法律服务范畴内所能提供的工作津贴难以匹配,[③]实质上其付出与经济回报难成正比。

对于目前接触首批特别代表人诉讼案件的律师,本文认为他们期待通过代理特别代表人诉讼所获得的并非经济回报,而是参加这一类影响大、案情复杂又具有开展门槛(投服中心的选择)的诉讼案件的难得机会,并从中获取经验、丰富履历、提高声誉。但随着特别代表人诉讼制度工作的常态化及长时间开展,随着经验获取的完成和经济成本的消耗,律师的利益驱动消失、成本负担显现,优秀职业证券律师作为理性经济人很难持续“无偿”奉献。当然,找到愿意代理诉讼的律师并不难,但代理特别代表人诉讼的服务质量能否始终维持高标准,难下肯定结论,而相关纠纷的解决效果也或将受到影响。

2. 特别代表人诉讼律师激励制度的设想

为解决上述问题,本文建议可从特别代表人诉讼的赔偿金中抽取一定比例,与投保机构承担的津贴及其他面向投保机构公益律师的财政拨款共同组建专项律师补贴基金,同时参考目前国内职业证券律师的收费标准及比较法经验,以案件复杂程度、

---

① 郭雳:《美国证券集团诉讼的制度反思》,载《北大法律评论》第10卷,2009年第2辑。

② 《证监会有关部门负责人就康美药业特别代表人诉讼案作出判决答记者问》,载中国证券监督管理委员会官方网站2021年11月12日,http://www.csrc.gov.cn/csrc/c100028/c1556048/content.shtml。

③ 市场上部分专职证券律师广告报价显示其收费标准为投资者最终所获赔偿的10%~18%(参见股保平网首页https://www.xiebaopinglvshi.com),而公益律师的报酬仅是微薄的补贴。

律师的工作量、工作时长等因素作为变量形成浮动的律师补助标准,为特别代表人诉讼的代理律师提供相对普通公益律师更高的收入水准。此外,建立普通代表人诉讼律师与特别代表人诉讼律师之间的衔接机制,在普通代表人诉讼的委托律师中选任特别代表人诉讼的代理律师,[①]也可以成为一种选择。

诉讼当事人对其代理律师支付法律服务之对价,本是现代经济社会的正常交易逻辑。该对价之支付虽与“公益”之名或有偏差,但实质上能促进原告投资者获得更好的法律服务,因此其亦不足以否定其合理性。上述设定既能与律师的市场化收费标准区别开来,防范集团诉讼中律师投机逐利的固有弊病,又充分考虑律师付出与回报的对等性,促进其参与诉讼,或能有效保障原告投资者持续获得高质量的法律服务,有助于特别代表人诉讼工作常态化之目标的实现。

三、特别代表人诉讼与股东代位诉讼配合实现追首恶的目标

以虚假陈述案件为例,特别代表人诉讼的被告是在虚假陈述中起到主要作用和辅助作用的所有主体,包括上市公司、控股股东、实控人、董监高以及中介机构等。这些主体往往受到了行政处罚或刑事处罚。在新的司法解释下,没有受到处罚的主体也有可能被提起民事诉讼。康美药业案的被告多达 27 人,根据《证券法》的规定和判决结果,被告应承担共同连带责任。即使法院在五洋债案和康美药业案中创新性地提出了比例连带责任,但实际的赔偿金也往往是由部分被告所承担。康美药业案中,法院判决公司应赔偿投资者损失 24.59 亿元,同时确定上市公司原董事长、总经理、会计师事务所以及相关责任人员根据过错程度承担不同比例的连带赔偿责任。此后,康美重整方案经全体债权人表决通过,广药集团等作为重整投资人被引入,为前述集体诉讼债权的实现提供了有力支持。倘若公司对外清偿了全部债务,其他相关责任人的连带责任将如何实现?

在我国虚假陈述案件民事赔偿已有的实践中,大多数针对董监高、实控人和控股股东的连带责任都实际上由上市公司所承担。这也是虚假陈述民事赔偿制度效果受到质疑的原因,即让现在的股东来承担之前股东的赔偿责任,可能给现在的股东和公司带来“二次伤害”。只有实控人、大股东等“首恶”真正为其过错承担应有的责任,

① 沈伟、林大山:《激励约束视角下的特别代表人诉讼制度——以新〈证券法〉为背景》,载黄红元、蔡建春、卢文道主编:《证券法苑》第 31 卷,法律出版社 2021 年版,第 384 页。

才能真正起到震慑的作用。而特别代表人诉讼制度主要追究的是整体责任人的责任,而难以精准追究具体责任人的责任。在这种情形下,可以通过股东代位诉讼来实现"追首恶"的效果。

在后续的特别代表人诉讼案件中,若上市公司对外承担责任后不积极向相关责任主体追偿,则是放任损害公司合法权益行为的发生,构成对公司预期可得利益的消极处分。2019 年《证券法》赋予了投保机构提起股东代位诉讼的特定诉讼地位。根据《证券法》第 94 条第 3 款的规定,发行人的董监高执行公司职务时违反法律、行政法规或者公司章程的规定给公司造成损失,发行人的控股股东、实际控制人等侵犯公司合法权益给公司造成损失,投资者保护机构持有该公司股份的,可以为公司的利益以自己的名义向人民法院提起诉讼,持股比例和持股期限不受《公司法》规定的限制。因此,投服中心持有沪深两市全部上市公司每家 100 股的股票,不受《公司法》"连续一百八十日以上单独或者合计持有公司百分之一以上股份的股东"规定的时间限制,可以根据实际需要提起股东代位诉讼。在公司没有向"首恶"以及其他辅助人追究责任时,投服中心可以对相关责任人提起诉讼。需要注意的是,投服中心提起股东代位诉讼不是目的,而是实现"追首恶"的有效路径。股东代位诉讼是在公司消极不履职情况下的不得已之举。如果能利用投服中心这一特殊公益股东的影响力,督促公司聘请市场律师提起诉讼来维权,将实现节约投服中心有限的资源、充分调动市场积极性的更好结果。①

可见,仅凭特别代表人诉讼本身似乎无法充分实现对"首恶"等责任人的精准打击。通过与股东代位诉讼的配合,可以更精准地打击对违法行为负主要责任的个人,提高其违法成本。以此真正实现加大对证券违法违规行为的打击力度,贯彻"追首恶"的制度理念,避免对上市公司现有股东造成二次伤害。②

四、特别代表人诉讼与破产程序交叉下对多方主体的履职建议

特别代表人诉讼与破产程序交叉后二者如何协调并行是实践中亟待解决的问题,其中如破产程序参与主体能有针对性地优化其履职行为,或可对投资者保护产生

① 肖宇:《投保机构股东代位诉讼的选案考量因素》,载郭文英主编:《投资者》第 16 辑,法律出版社 2021 年版,第 188 页。

② 参见鲁小木、夏雯雯:《投资者保护机构在中国式证券集体诉讼的主体构想》,载郭文英主编:《投资者》第 9 辑,法律出版社 2020 年版,第 131 页。

重要意义。

(一)投保机构应注意被诉公司赔偿行为被撤销的风险

根据《企业破产法》及其司法解释规定,在法院受理破产前六个月内,如果债务人出现破产原因后对债权人进行了个别清偿,管理人有权撤销;而债务人经诉讼、仲裁、执行程序对债权人进行的清偿不在上述可撤销范围之内。[①] 相关实证研究指出,诉讼过程中被告主动进行的清偿行为且后续该部分债权未受到法院判决书、调解书确认的,或基于诉讼过程、执行过程及执行外双方形成的和解协议所进行的清偿,在符合相关时间要求的情形下均有可能被法院认定为管理人有权撤销的个别清偿。[②] 因此建议投保机构在诉讼及执行过程中,将被告清偿行为被撤销的风险纳入选择纠纷解决机制的考量因素,以"法院确认"为核心,侧重接受以法院调解、判决等方式为基础的清偿。

(二)投保机构应注意管理人变更谈判思路的可能性

破产程序中,由破产管理人代表债务人参加诉讼、仲裁或者其他法律程序。[③] 因此,诉讼原告与被告之间已经形成的谈判意向可能因对方由公司管理层变更为第三方管理人而有所变化。在被告有可能破产的情况下,建议投保机构谨慎把握纠纷解决方式的选取以及调解、和解的时间节奏,在保障双方意向稳定的基础上及时达成合意,避免因对方改变意向而导致前期的谈判功亏一篑。

(三)法院可在重整计划草案表决程序中为原告集团单独设置债权组

重整计划草案通过的基本规则是各表决组均通过,因此债权人在表决组中的表决权份额至关重要。依据《企业破产法》有关规定,法院可在必要时决定在普通债权组中设小额债权组对草案进行单独表决,[④]以保护小额债权人的利益;部分地方法院的工作指引也明确了法院可以决定按照债权性质、清偿条件或债权额等标准在普通债权人中分设债权组。[⑤] 因此,建议法院在交叉程序下设置小额债权组并将原告集团纳入其中,或为原告集团设置专门债权组,以促进原告投资者表决权份额最大化。

---

① 参见《企业破产法》第32条及最高人民法院《关于适用〈中华人民共和国企业破产法〉若干问题的规定(二)》第15条。

② 参见《破产法中个别清偿例外规则实践研究——以破产法司法解释二第15条为研究对象》,载微信公众号"东方法律人",2021年7月26日。

③ 参见《企业破产法》第25条。

④ 参见《企业破产法》第82条。

⑤ 参见广东省高级人民法院《关于审理企业破产案件若干问题的指引》第94条的规定:"经管理人申请,人民法院可以决定对普通债权人按照债权性质、清偿条件或债权额等进行分组"。

(四)将投保机构选任为债权人委员会成员

根据《企业破产法》的规定,债权人委员会可行使监督债务人财产的管理、处分和分配以及提议召开债权人会议等职权,[①]即意味着投保机构成为债委会成员将利于投资者保护。因此,在交叉程序下,若管理人提出设立债委会的动议,建议投保机构积极自荐、管理人积极将投保机构拟定为候选成员,同时建议法院也对投保机构的选任持认可态度,增大投保机构成为债委会成员的可能性。康美药业案中,经债权人会议表决及法院认可,投服中心被选任为债委会成员,为上述建议作出了实践响应。

另外,在投保机构作为债委会成员履职时,可能出现如下利益冲突问题:在投保机构与上市公司之间存在原告与被告对抗关系的背景下,投保机构可能因成为债委会成员而与上市公司形成利益共同体,参与该上市公司有关决策,此时投保机构将面临其承担的多个角色出现利益冲突的问题。[②] 该问题本质实为未与破产企业形成确定债权关系的主体通过临时确定债权的方式被提前纳入债权人范畴的制度设计潜在问题,也是拥有诉讼未决债权的债委会成员均可能面临的困境。在这种情形下,如投保机构在债委会决策中面临利益冲突,建议及时回避或弃权,以保证债委会的决策公正,也避免后续与上市公司之间产生不必要的矛盾。

结　论

证券特别代表人诉讼制度的产生与应用,回应了我国证券注册制发行改革中加强司法救济的需求,有利于保护投资者的合法权益、提升相关证券诉讼纠纷的解决效率,进而维护证券市场的健康有序发展。本文总结了证券特别代表人诉讼的法律制度规范与实践问题。在参考域外经验并结合我国司法实践与理论研究成果的基础上,本文主要从以下角度对证券纠纷特别代表人诉讼的构建方式与完善路径提出建议。

第一,在选案机制上,应当以重大性、典型性为主要标准,兼顾被告的偿付能力,同时完善选案程序规则与监督方式;第二,凡因证券欺诈行为而遭受损失的投资者原则上均可以作为适格原告,在特殊情形下才需要排除;第三,对委托提起诉讼的50名

---

① 参见《企业破产法》第67、68条。

② 据了解,在康美药业案破产进程中,投服中心曾作为债委会成员面临与特别代表人诉讼相关的决策问题,与其诉讼原告特别代表人身份存在冲突。

以上的投资者,应当设置合理的选取标准,并建立有效的激励机制;第四,在通知方式上,以公告为主要手段更符合经济效益;第五,投保机构参与调解时应主动或通过法院充分了解投资者意愿,同时衡量调解适用的合理性以兼顾审理效率;第六,在上诉阶段应当给予投资者选择退出的权利;第七,在赔偿金的分配上,应当探索合理的损失赔偿计算方法,并建立健全法院、证券登记结算机构、券商与投资者之间赔偿金分配的衔接机制;第八,建议通过从投资者赔偿金中抽取部分金额建立专项律师补贴基金、制定合理的浮动补助标准的方式构建律师激励机制。此外,在公司对外承担赔偿责任后怠于对相关责任主体追偿时,投保机构可以提起股东代位诉讼,以贯彻“追首恶”的理念,从而充分保护公司和投资者的合法权利。最后,特别代表人诉讼与破产程序交叉时,应注重发挥投保机构在交叉程序中应对代理人身份转变、获赔金额确定、调解或和解的程序选择以及其他主体责任追究等方面的作用;在破产重整阶段,应当对投资者股东和债权人的双重身份均予以保障,通过程序性设计尽最大可能保障投资者利益,但投资者不得任意退出。

综上,本文针对理论和实践中出现的或者可能出现的问题进行了分析论证并提出了可参考的解决方案。以期为特别代表人诉讼制度的完善提供理论支持,通过常态化的运行,起到司法威慑和救济的作用,为促进我国证券市场健康发展,发挥重要作用。

证券虚假陈述民事赔偿风险认定问题研究

中山大学辛宇课题组*

摘　要:在具体司法实践中,虚假陈述民事赔偿损失的计算方法应将被诉上市公司的赔偿金额限定在合理范围之内,科学地计算风险扣除比例,以剔除非因虚假陈述行为导致的投资者损失。本文提出了"Fama-French 三因子模型 + X 调整因素"的风险认定方法(以下简称"3 + X"的风险认定方法)。首先基于 Fama-French 三因子模型估计系统性风险对股票价格的影响,继而通过识别考察期间的公司个体重大事项酌情调整非系统风险因素。本文认为,"3 + X"的风险认定方法较好地兼顾了计算逻辑的合理性和计算方法的可操作性,在保证计算结果科学性的前提下能够做到尽量简明易懂,具有较高的可行性。

关键词:虚假陈述诉讼　系统性风险　非系统性风险　Fama-French 三因子模型

一、引　言

健全的信息披露制度是维护证券市场公平交易秩序、保护投资者利益的基础。自我国证券市场建立以来,上市公司进行虚假陈述、侵害投资者利益的案件屡见不鲜,即使在 2019 年各项制度安排已有较大提升的情形下,仍发生了引起市场震动的康得新案与康美药业案等恶性案件。中小投资者作为我国证券市场的重要参与者,在信息获取与自我保护方面处于天然弱势地位,相应地,健全的司法制度及其实施成为保护中小投资者权益的"最后一道防线"。

随着我国证券虚假陈述民事赔偿制度的不断完善,股东诉讼案件的数量预期将

---

* 课题组负责人:辛宇,中山大学管理学院教授、博士研究生导师。课题组成员:黄欣怡,中山大学管理学院博士研究生;滕飞,中山大学管理学院博士后。

急剧增长。而损失计算标准及其中的风险认定是股东诉讼中的难点、痛点、关键点和极其重要的着力点。在这一背景下,研发出具有普遍意义的投资者损失计算方案,建立统一的损失计算标准,化解民事赔偿司法实践中系统风险和非系统风险等影响因素的认定难题,明确基本的操作原则和规范运作指引,精准定责、勿枉勿纵,对于提高司法裁决的公允性、促使投资者损失赔偿的计算工作更加科学合理,以及提升虚假陈述案件的审理质效等都具有极其重要的现实意义。

二、证券虚假陈述民事赔偿损失计算的概念框架

本文遵循"目标—基本原则—赔偿范围确认—赔偿金额计算"的基本思路,构建了证券虚假陈述民事赔偿损失计算的概念框架(见图 1)。

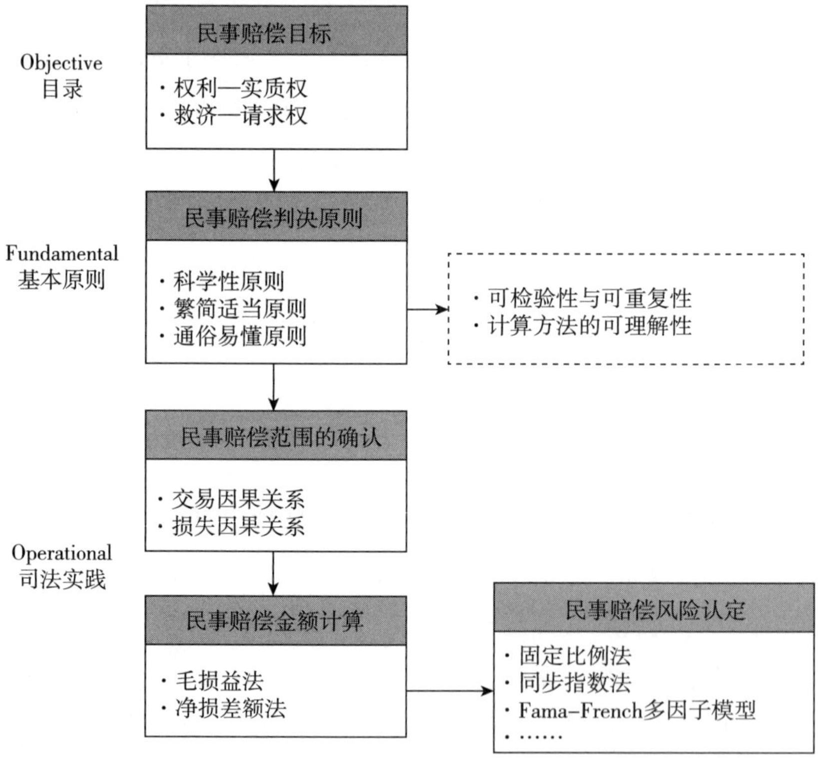

图 1　证券虚假陈述民事赔偿损失计算概念框架

首先,"权利"和"救济"是民事诉讼目标的两个重要组成部分。虚假陈述诉讼的主要目标,是对因信赖虚假信息而造成投资损失和权利侵害的投资者进行"司法救济",落实损失赔偿。

其次,本文提出虚假陈述民事赔偿损失计算的基本原则:

第一,科学性原则。虚假陈述诉讼案件审理对证券专业水平提出了较高要求。通常来说,集团诉讼需要广泛地采用引入专家证人的做法。专家依据得到普遍认同的原理与方法,基于充分的事实和数据,对涉及虚假陈述案件事实的科学证据作证。判断该证据证明能力的主要依据在于,其使用的科学理论与科学研究方法是否具备可检验性、可重复性,该研究理论潜在的误差率,以及该科学理论在其专业领域是否为其专业团体所广泛接受(陈学全,2009 年)。[①]

第二,繁简适当与通俗易懂原则。虚假陈述案件通常涉及证券专业知识,且案情繁杂,牵涉投资者范围广,要以有限的司法资源应对严峻的诉讼现实,则需要坚持繁简适当原则,提高说理的针对性和可理解性,避免使用过于艰深复杂的计算模型,力求简洁、明快。与此同时,计算模型应当力求简洁明了,通俗易懂,平易朴实,能够为中小投资者所理解。

第三,因果关系是确认虚假陈述民事赔偿范围的重要依据。这种因果关系可划分为两个层面:一是投资者的投资决策是否因信赖虚假陈述行为作出,即交易的因果关系(Transaction Causation);二是投资者所遭受的投资损失是否因虚假陈述行为导致,即损失的因果关系(Loss Causation)。

第四,在具体计算方面,虚假陈述民事赔偿金额的计算方法主要包括毛损益法与净损差额法。在毛损益法下,被诉上市公司需全额承受股价下跌的结果而负责赔偿。净损差额法则通过估算模拟股票的真实价值,尽可能剔除投资者因虚假陈述以外的其他风险因素导致的投资损失。近年来,净损差额法越来越多地在虚假陈述司法实践中得以应用。本文基于我国虚假陈述民事诉讼的司法实践,对净损差额法下真实价值的模拟计算进行考察探索。

应用净损差额法的难点在于如何计算上市公司股票的真实价值。具体来说,我们需要通过构造真实价值曲线来识别系统性风险/非系统性风险的影响,从而计算得出投资者因上市公司虚假陈述行为所遭受的损失金额。所谓真实价值曲线,是指上市公司在没有进行虚假陈述行为情形下的股票交易价格。其潜在假设是,当上市公司披露虚假信息时(虚假陈述实施日),股票价格将偏离真实价值;当虚假陈述行为被揭露时(虚假陈述揭露日),股票价格回归真实价值;而在此期间,个股股价受虚假信

---

① 参见陈学全:《科学证据论:以刑事诉讼为视角》,中国政法大学出版社 2007 年版,第 212 页。

息的影响高于其真实价值(见图 2)。[①]

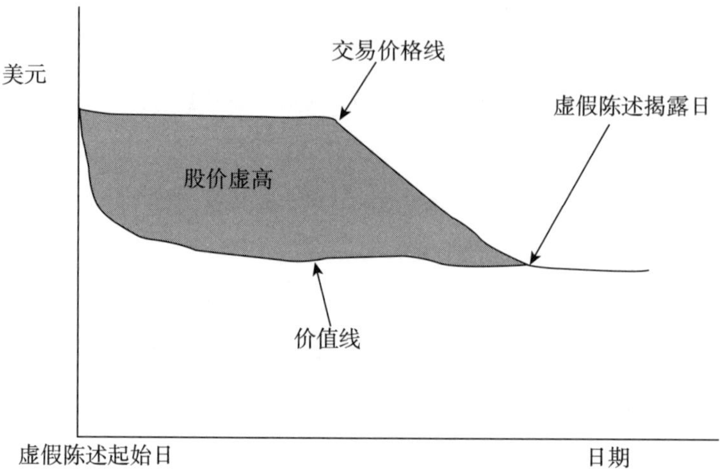

图 2　个股交易价格曲线与真实价值曲线

在实务操作层面,主要有两类方法用于计算股票真实价值,分别是指数比较法与事件研究法。指数比较法利用与股票相关的行业指数预估上市公司在无虚假陈述行为情形下的真实价值,即在考察股票价格预期回报率时剔除因市场因素、行业因素等系统性风险所导致的股票价格波动。这一计算方法与我国虚假陈述诉讼目前采用的"同步指数法"相近。事件研究法则通过市场模型,比较股票在虚假陈述行为揭露期间的实际报酬率与欺诈行为未被揭露时的预期报酬率,以评估虚假陈述行为对股票价格所造成的冲击。[②]

三、我国证券虚假陈述民事赔偿风险认定的司法实践

自 2003 年《最高人民法院关于审理证券市场因虚假陈述引发的民事赔偿案件的若干规定》颁布以来,我国投资者陆续提起多例虚假陈述民事赔偿诉讼。通过梳理虚假陈述诉讼历史案件可以看出,我国民事赔偿风险认定扣除比例的计算方法可主要划分为"未扣除风险比例"、"固定扣除风险比例"以及"差异化扣除比例"三类。

---

① Cornell B. & Morgan R. G., *Using Finance Theory to Measure Damages in Fraud on the Market Cases*, UCLA L Rev, Vol. 37, p. 883 – 924(1990).

② See Finkelstein J. T., *Rule 10b – 5 Damage Computation: Application of Financial Theory to Determine Net Economic Loss*, Fordham L. Rev., Vol. 51, p. 838 – 870(1983).

(一)“未扣除风险比例”案例

我国早期虚假陈述诉讼较少考虑风险因素扣除,被诉上市公司依照全额赔偿投资者损失,在包括振兴生化案、海润光伏案与无线天利案等多起案件中采用“未扣除风险比例”的方法全额计算投资者损失(见表1)。

表1 采用“未扣除风险比例”方法案件梳理

被诉公司	虚假陈述实施日	虚假陈述揭露日	行政处罚日期	受理法院	法院认定的风险扣除计算方法
振兴生化[1]	2006年6月20日	2013年4月23日	2014年12月15日	山西省太原市中级人民法院	对风险比例不予以扣除
海润光伏[2]	2015年1月23日	2015年2月13日	2015年2月13日	江苏省南京市中级人民法院	对风险比例不予以扣除
无线天利[3]	2014年9月23日	2015年6月23日	2016年6月28日	北京市第一中级人民法院	在损失赔偿金额中对系统性风险不予以扣除

〔1〕山西省太原市中级人民法院民事判决书,(2017)晋01民初63号。

〔2〕江苏省南京市中级人民法院民事判决书,(2016)苏01民初825号。

〔3〕北京市第一中级人民法院民事判决书,(2016)京01民初306号。

(二)“固定扣除风险比例”案例

随着虚假陈述诉讼司法实践的发展,法院在案件审理中逐渐将导致投资者损失的其他风险因素纳入考虑范围,风险扣除比例的认定主要以“固定扣除比例”法为主,其中包括山西安泰案、山东墨龙案、中兵红箭案等案例(见表2)。该风险扣除方法较简单直接,易于执行,但具体比例的确定具有较大的主观随意性,并且“一刀切”的界定模式忽略了每位投资者个体的股票交易活动差异。

表2 采用“固定扣除风险比例”方法案件梳理

被诉公司	虚假陈述实施日	虚假陈述揭露日	行政处罚日期	受理法院	法院认定的风险扣除计算方法
山西安泰	2014年8月22日	2015年4月30日	2015年4月30日	山西省太原市中级人民法院	法院认定被告应对投资者损失的50%进行赔偿
山东墨龙	2015年4月25日	2017年3月21日	2017年3月21日	山东省济南市中级人民法院	应剔除的系统风险影响比例为28%
中兵红箭	2016年3月15日	2017年8月2日	2018年10月11日	湖南省长沙市中级人民法院	酌情确定中兵红箭对原告投资损失的85%承担责任

(三)"差异化扣除比例"案例

随着司法实践的推进,以行业指数收益率与市场指数收益率均值占个股收益率的比例确定系统风险的"同步指数法"逐渐为市场所接受。这一计算方法实现了个股的相对比例扣除,使投资者损失的计算更加科学合理与精细化。其具体计算方法是将个股收益率与市场指数、行业指数的平均收益率进行对照,其中系统风险扣除比例 = 指数平均跌幅/个股跌幅。具体地,采用"同步指数法"计算投资者损失的案件包括恒顺众昇案、方正科技案、飞乐音响案等(见表 3)。

"个体相对比例法"与"同步指数法"相近,均是参照指数波动率差异化扣除投资者面临的系统性风险。在我国首例特别代表人诉讼康美药业案中,采用了"个体相对比例法"计算投资者损失(见表 3)。

表 3　采用"差异化扣除比例"方法案件梳理

被诉公司	虚假陈述实施日	虚假陈述揭露日	行政处罚日期	受理法院	法院认定的风险扣除计算方法	风险扣除方法归因
恒顺众昇[1]	2014 年 8 月 26 日	2015 年 8 月 4 日	2018 年 4 月 6 日	山东省青岛市中级人民法院	"同步指数法",采用"3 + X"组合指标体系作为股票市场系统风险的参考指标	"同步指数法"
方正科技[2]	2005 年 3 月 19 日	2015 年 11 月 20 日	2017 年 5 月 5 日	上海金融法院	综合选用上证综合指数、申万一级行业指数和申万三级行业指数,最终采纳三个指数的平均跌幅与个股跌幅进行对照	"同步指数法"
飞乐音响[3]	2017 年 8 月 26 日	2018 年 4 月 13 日	2019 年 11 月 2 日	山东省济南市中级人民法院	综合考虑上证指数与房地产开发行业板块指数跌幅,确认风险扣除比例为 46.54%	"同步指数法"
康美药业[4]	2017 年 4 月 20 日	2018 年 10 月 16 日	2021 年 2 月 20 日	广东省广州市中级人民法院	选取医药生物(申万)指数作为系统风险扣除认定的参考指数。最终测算结果显示,系统风险与虚假陈述对投资者损失的影响各占一半	"个体相对比例法"

续表

被诉公司	虚假陈述实施日	虚假陈述揭露日	行政处罚日期	受理法院	法院认定的风险扣除计算方法	风险扣除方法归因
普天邮通[5]	2015 年 3 月 21 日	2017 年 1 月 19 日	2018 年 3 月 19 日	上海金融法院	运用"多因子模型法"确认投资者因虚假陈述导致的投资差额损失	"多因子模型法"

〔1〕山东省青岛市中级人民法院民事判决书,(2018)鲁 02 民初 1740 号。

〔2〕林晓镍、单素华、朱颖琦:《全国首例证券群体性纠纷示范判决解析——投资者诉方正科技公司证券虚假陈述责任纠纷案》,载黄红元总编,蒋锋、卢文道主编:《证券法苑》第 28 卷,法律出版社 2020 年版,第 289 ~ 307 页。

〔3〕上海金融法院民事判决书,(2020)沪 74 民初 2402 号。

〔4〕广东省广州市中级人民法院民事判决书,(2020)粤 01 民初 2171 号。

〔5〕上海金融法院民事判决书,(2020)沪 74 民初 2392 号。

"同步指数法"与"个体相对比例法"应用的潜在假设认为,各类虚假陈述案件中的不同上市公司股票对系统性风险的敏感性相同。然而在证券市场中,各上市公司股票对系统性风险的敏感程度存在差异,因此与之相较,考虑了个股系统风险敏感性差异的"多因子模型法"更具科学性。以普天邮通案为代表的多因子模型应用案例采用包含了规模因素、价值因素、beta 因素、盈利因素等九大风格因子在内的模型估算投资者模拟损益。"多因子模型法"更多地运用了证券专业知识,其计算难度更高,因此亦要求模型的设计更加简明易懂。

四、证券虚假陈述民事赔偿风险认定模拟计算

(一)以多因子模型为基础的股价模拟与投资者损失计算

投资者损失计算中应剔除的风险因素可划分为两类:一是与证券市场整体波动相关的系统性风险,二是与被诉上市公司个体相关的重大事项引起的股价变动,即非系统性风险。我们提出"多因子模型 + X 调整因素"的风险认定方法,首先,通过传统多因子模型估计得到被诉公司在考察期间的预期收益率,此时该预期收益率考虑了证券市场系统性风险的影响;其次,考察被诉公司在实施日至基准日期间是否发生引起股价异常变动的重大事项,据此对被诉公司的预期收益率进行调整。

下文将对传统主流多因子模型进行比较对照,以确定适用于虚假陈述民事赔偿

风险认定的模型与计算方法,并以具体的案例详细阐述多因子模型的使用与非系统性风险调整的具体方法。

1. Fama-French 三因子与五因子模型

多因子模型作为主流的资产定价模型,已经历多年的理论论证与实践检验,得到了广泛应用。尤金·法玛(Eugene Fama)和肯尼恩·弗伦奇(Kenneth French)研究发现,规模因子与账面市值比因子能够对不同股票之间的横截面收益率差异具有较好的解释力,而市场风险溢价因子则能够解读股票收益率与无风险收益率之间的差异。基于此,法玛(Fama)和弗伦奇(French)(1993 年)正式提出三因子模型(Fama-French 三因子模型),①模型中包含了市场风险溢价因子($R_M - R_F$)、规模因子 *SMB*(size factor)与账面市值比因子 *HML*(book-to-market factor)。即:

$$R_i - R_f = \alpha_i + \beta_{i,1}(R_M - R_f) + \beta_{i,2}SMB + \beta_{i,3}HML + \varepsilon_i \quad (1)$$

其中,R_i 是股票收益率,R_f 是无风险收益率,R_M 为市场组合收益率,则($R_M - R_f$)代表市场组合相对于无风险收益率的溢价,即市场风险溢价因子;*SMB* 代表由小规模公司组合收益率减去大规模公司组合收益率计算得出的规模因子,*HML* 是通过高账面市值比组合减去低账面市值比组合收益率计算得到的账面市值比因子。

部分研究考察了 Fama-French 三因子模型在我国股票市场的适用性,结果表明,该模型对我国股票收益率具备较好的解释力(Cao Q. 等,2005 年;朱宝宪、何治国,2002 年;吴世农、许年行,2004 年)。②③④ 此后,为弥补三因子模型的不足,Fama 和 French(2015 年)在三因子模型的基础上进一步提出五因子模型,在多因子模型中加入盈利能力因子 *RMW* 和投资模式因子 *CMA*。⑤ 即:

$$R_i - R_f = \alpha_i + \beta_{i,1}(R_M - R_f) + \beta_{i,2}SMB + \beta_{i,3}HML + \beta_{i,4}RMW + \beta_{i,5}CMA + \varepsilon_i \quad (2)$$

其中,盈利能力因子 *RMW* 以高盈利能力组别减去低盈利能力组别收益率得到,

---

① Fama E. F. & French K. R., *Common Risk Factors in Stock and Bond Returns*, Journal of Financial Economics, Vol. 33:1, p. 3-56(1993).

② See Cao Q., Leggio K. B. & Schniederjans M. J., *A Comparison between Fama and French's Model and Artificial Neural Networks in Predicting the Chinese Stock Market*, Computers and Operations Research, Vol. 32:10, p. 2499-2512(2005).

③ 参见朱宝宪、何治国:《β 值和账面/市值比与股票收益关系的实证研究》,载《金融研究》2002 年第 4 期。

④ 参见吴世农、许年行:《资产的理性定价模型和非理性定价模型的比较研究——基于中国股市的实证分析》,载《经济研究》2004 年第 6 期。

⑤ See Fama E. F. & French K. R., *A Five-factor Asset Pricing Model*, Journal of Financial Economics, Vol. 116:1, p. 1-22(2015).

投资模式因子 *CMA* 通过保守投资组别减去激进投资组别的收益率得出。

关于 Fama-French 三因子与五因子模型对我国股票回报的解释力孰优孰劣，不同学者得出了不同结论，目前仍存在较大争议。①② 总体来说，Fama-French 三因子模型和五因子模型是当前学术界公认的、应用最广泛的多因子模型。Fama-French 多因子模型对因子的选取经历了详细的理论论证与实证检验，简洁明了，符合投资者损失计算的科学性原则、繁简适当原则与通俗易懂原则。

2. 基于多因子模型的股价模拟测算

在事件研究法中，我们通常将事件期前一段时期内的交易日作为估计期，进而估计多因子模型参数。但在股价模拟中，受到宏观经济形势、行业情况变动、企业经营周期等因素的影响，以事件期前一段时期作为估计期间计算得到模型参数，进而计算实施日至基准日模拟股价的计算方法会导致模拟结果与实际股价相去甚远，无法计算出合理的赔偿风险扣除比例。因此，本文直接将实施日至基准日作为多因子模型参数的估计期间进行股价模拟。

具体计算步骤包括：

（1）以实施日至基准日为估计期间，计算得到 Fama-French 三因子（模型 1）、五因子（模型 2）的模型参数，并采用三因子和五因子模型分别计算实施日至基准日期间涉案公司的股票预期收益率 $E(r_t)$，此时估计得到的预期收益率 $E(r_t)$ 考虑了市场整体的系统风险因素。

（2）考察实施日至基准日期间被诉上市公司是否存在与虚假陈述无关的重大事项，估计被诉公司在重大事项事件期的异常收益率，并对重大事项事件期的预期收益率进行调整，得到调整后的预期收益率 $Adj\_E(r_t)$。

（3）参考过往文献和案例，我们采用两种方法推算被诉公司在实施日至揭露日期间的模拟股价：

①假设虚假陈述实施日前一天的股票价格为被诉上市公司的真实价值，那么以该日股票价格 P_0 为起点，实施日至基准日期间的日度股票真实价值为：

$$P_t = P_0 \times (1 + Adj\_E(r_1)) \times (1 + Adj\_E(r_2)) \times \cdots \times (1 + Adj\_E(r_t))$$

②假设基准日当天的股票价格为被诉上市公司的真实价值，那么以该日股票价

---

① 参见李志冰等：《Fama-French 五因子模型在中国股票市场的实证检验》，载《金融研究》2017 年第 6 期。

② 赵胜民等：《Fama-French 五因子模型比三因子模型更胜一筹吗——来自中国 A 股市场的经验证据》，载《南开经济研究》2016 年第 2 期。

格 P_0为起点回溯,实施日至基准日期间的日度股票真实价值为:

$$P_t = P_0 / [(1 + Adj\_E(r_1)) \times (1 + Adj\_E(r_2)) \times \cdots \times (1 + Adj\_E(r_t))]$$

(4)分别计算投资者的实际损失(基于股票实际交易价格)和模拟损失(基于多因子模型得到的模拟股价),那么:

风险扣除比例 = 模拟损失/实际损失,投资者损失赔偿金额 = 实际损失 - 模拟损失

3. 投资者损失计算与非系统风险调整逻辑

根据2003年《最高人民法院关于审理证券市场因虚假陈述引发的民事赔偿案件的若干规定》的规定,若进一步考虑系统性风险与非系统性风险在实施日至基准日期间对股票价格的影响,对投资者损失赔偿金额作风险比例扣除,则有投资者损失计算公式如下所示:

投资者损失赔偿金额 = [(实际买入均价 - 实际卖出均价) × 揭露日有效持股余额在揭露日至基准日期间卖出股数 + (实际买入均价 - 基准价) × 揭露日有效持股余额在揭露日至基准日期间未卖出股数] - [(模拟买入均价 - 模拟卖出均价) × 揭露日有效持股余额在揭露日至基准日期间卖出股数 + (模拟买入均价 - 模拟基准价) × 揭露日有效持股余额在揭露日至基准日期间未卖出股数]

对以上投资者损失赔偿金额的计算公式进行变换可以得到:

投资者损失赔偿金额 = (实际买入均价 - 模拟买入均价) × 揭露日有效持股余额在揭露日至基准日期间卖出股数 + (模拟卖出均价 - 实际卖出均价) × 揭露日有效持股余额在揭露日至基准日期间卖出股数 + (实际买入均价 - 模拟买入均价) × 揭露日有效持股余额在揭露日至基准日期间未卖出股数 + (模拟基准价 - 基准价) × 揭露日有效持股余额在揭露日至基准日期间未卖出股数

= (实际买入均价 - 模拟买入均价) × 揭露日有效持股余额 + (模拟卖出均价 - 实际卖出均价) × 揭露日有效持股余额在揭露日至基准日期间卖出股数 + (模拟基准价 - 基准价) × 揭露日有效持股余额在揭露日至基准日期间未卖出股数

由投资者损失赔偿金额计算的变换公式不难看出,实施日至揭露日期间的模拟股价越高,则"模拟买入均价"越高,损失赔偿金额亦越低;相反,揭露日至基准日期间的模拟股价越低,则"模拟卖出均价"与"模拟基准价"越低,损失赔偿金额也越少。

对股价进行非系统性风险调整,意在剔除由公司个体与虚假陈述无关的重大事

项所导致的投资者损失，避免由公司承担虚假陈述以外的赔偿责任，调减损失赔偿金额。从损失赔偿金额的计算逻辑来看，即在已考虑系统性风险的基础上，应调增实施日至揭露日期间的模拟股价，调减揭露日至基准日期间的模拟股价。

因此，若要尽可能剔除被诉上市公司与虚假陈述无关的非系统性风险，减轻上市公司的额外赔偿责任，则需在选择以虚假陈述实施日前一天的股票价格为真实价值计算起点时，考虑调整实施日至揭露日期间的利多事件（$Adj\_E(r_t)$ ↑[①]、事件期模拟股价 P_t ↑模拟买入均价 ↑、损失赔偿金额 ↓[②]）与揭露日至基准日期间的利空事件（$Adj\_E(r_t)$ ↓、事件期模拟股价 P_t ↓、模拟卖出均价 ↓、损失赔偿金额 ↓）所引起的股价变动；在选择以基准日的股票价格为真实价值计算起点时，考虑调整实施日至揭露日期间的利空事件（$Adj\_E(r_t)$ ↓、事件期模拟股价 P_t ↑、模拟买入均价 ↑、损失赔偿金额 ↓）与揭露日至基准日期间的利多事件（$Adj\_E(r_t)$ ↑、事件期模拟股价 P_t ↓、模拟卖出均价 ↓、损失赔偿金额 ↓）所引起的股价变动。

本文选取抚顺特钢案作为案例，采用 Fama-French 多因子模型估算被诉上市公司在实施日至基准日期间的模拟股票价格，并对模拟股价进行非系统性风险调整，进而基于调整后的股票价格计算投资者损失赔偿金额。

（二）股价模拟及投资者损失计算：以抚顺特钢案为例

本报告所采用的我国 A 股市场股票交易数据均来自 CSMAR 数据库。其中，Fama-French 三因子模型与五因子模型的因子数据源于 CSMAR 的“因子研究系列”板块，采用流通市值加权计算得出。下文将对模拟测算的结果进行介绍。

1. 多因子模型股价模拟与非系统性风险调整

在抚顺特钢案中，被诉上市公司虚假陈述实施日为 2011 年 4 月 14 日，揭露日为 2018 年 1 月 31 日，基准日为 2019 年 7 月 30 日。所以抚顺特钢案的虚假陈述实施日（2011 年 4 月 14 日）与虚假陈述揭露日（2018 年 1 月 31 日）相距 7 年，估计区间过长将导致不同的计算方法所得到的计算结果偏差较大，为便于课题组研究，在模拟测算中将虚假陈述实施日变更为 2017 年 5 月 24 日。

依据前文介绍的股价模拟计算步骤，我们通过多因子模型计算得出考察期间的 $E(r_t)$，此时预期收益率 $E(r_t)$ 反映了系统性风险导致的股票价格波动。进一步而言，我们需要考虑实施日至基准日期间非系统性风险对抚顺特钢股票价格的影响。2018

---

① 箭头向上表示向上调整或调增。

② 箭头向下表示向下调整或调减。

年6月26日,抚顺特钢发布《关于公司股票被实施退市风险警示的公告》,公司股票被实施退市风险预警,此利空事件会对公司股票价格产生负面冲击。2019年4月4日,抚顺特钢发布《关于公司股票撤销退市风险警示并实施其他风险警示的公告》,退市风险警示撤销对投资者来说是利好消息,对股票价格将产生正向影响。

在模拟股价测算中,我们将两起重大事项纳入非系统性风险的考虑范围。两起重大事项的发生时点均在抚顺特钢虚假陈述揭露日至基准日期间(具体的计算逻辑见表4)。

表4　非系统性风险计算逻辑(以抚顺特钢案为例)

计算起点	计算公式	考察区间	非系统风险调整方向	考察事件	抚顺特钢重大事项
以实施日前一天为真实价值计算起点	$P_t = P_0 \times (1 + Adj\_E(r_1)) \times (1 + Adj\_E(r_2)) \times \cdots \times (1 + Adj\_E(r_t))$	实施日至揭露日	调增模拟价格(模拟买入均价),即调增$Adj_E(r_t)$	利多事件	—
		揭露日至基准日	调减模拟价格(模拟卖出均价),即调减$Adj_E(r_t)$	利空事件	2018年6月26日发布退市风险警示公告
以基准日为真实价值计算起点	$P_t = P_0 / [(1 + Adj\_E(r_1)) \times (1 + Adj\_E(r_2)) \times \cdots \times (1 + Adj\_E(r_t))]$	实施日至揭露日	调增模拟价格(模拟买入均价),即调减$Adj_E(r_t)$	利空事件	—
		揭露日至基准日	调减模拟价格(模拟卖出均价),即调增$Adj_E(r_t)$	利多事件	2019年4月4日发布撤销退市风险警示公告

注:以实施日前一日股价为计算起点。

依据前文介绍的非系统性风险剔除思路,当我们以实施日前一天的股票价格作为真实价值的计算起点时,应将2018年6月26日的退市风险预警(利空消息)作为非系统性风险的调整依据。

需要注意的是,抚顺特钢虚假陈述揭露日为2018年1月31日,自该日起至2018年9月20日抚顺特钢股票经历了漫长的停牌,且该公司退市风险预警公告日(2018年6月26日)处于停牌期间。由此推断,抚顺特钢于2018年9月21日复牌后的股票价格同时受到虚假陈述与退市风险预警的双重冲击。此时,将抚顺特钢在事件日前虚假陈述未揭露区间的股票收益率变动作为"退市风险预警"事件期的正常收益率计算依据显然不妥,因此我们转而将2018年7月至12月我国A股市场发布退市风险警示公告的上市公司在事件期的股价异常波动作为本案非系统性风险的调整依据。

我们通过CSMAR数据库公司公告事件表筛选得到2018年7月至12月期间发布实施或继续实施退市风险警示公告的四家上市公司(见表5),其中包括康达尔、雅百特、长生生物和中毅达。进一步考察发现,2018年7月16日为长生生物的虚假陈述揭露日,相应基准日为2018年11月10日。由此可知,长生生物发布实施退市风险警示公告前后的股票价格波动同样受到虚假陈述和退市风险预警的双重影响,因此将该公司从样本中剔除,以其他三家样本公司作为抚顺特钢非系统性风险调整的参照对象。

表5　2018年7月至12月上市公司被实施退市风险警示的公告

公司名称	公告日期	公告标题
康达尔	2018年8月31日	《关于公司股票交易被继续实行退市风险警示的公告》
雅百特	2018年7月5日	《关于公司股票交易实行退市风险警示的公告》
长生生物	2018年11月2日	《关于公司股票交易被实施退市风险警示的公告》
中毅达	2018年8月30日	《关于公司股票继续被实施退市风险警示的公告》

我们以退市风险警示公告日或公告日后首个交易日为第0天,考察样本公司在0~5天即(0,5)区间事件的异常回报率。考虑到退市风险警示正式公告前该利空消息已提前被部分投资者预知且反映在股票价格变动中,我们将公司股票异常回报率的估计期设置为(-30,-16),并将三家样本公司在(0,5)区间的每日股票回报率与其在(-30,-16)区间平均股票回报率的差额作为当日异常回报率。由于平均数易受样本极端值的影响,我们选取三家样本公司每日异常回报率的中位数对抚顺特钢在(0,5)区间的预期收益率$E(r_t)$进行调整,得到Adj_$E(r_t)$(异常收益率调整幅度见表6)。

表6　退市风险警示公告0~5天即(0,5)事件区间异常收益率调整

日期	非系统风险事件区间	异常回报率/%
2018年9月21日	0	-2.00
2018年9月25日	1	-2.48
2018年9月26日	2	-2.27
2018年9月27日	3	-2.37
2018年9月28日	4	-0.69
2018年10月8日	5	-3.96

注:以基准日股价为计算起点。

当我们以基准日的股票价格作为真实价值计算起点时,应将2019年4月4日撤销退市风险警示的利好事件作为非系统性风险扣除依据。我们将2019年4月8日(撤销退市风险预警公告日4月4日后的首个交易日)作为第0天,观察撤销退市风险预警公告前后的股价变动情况。在(-15,0)区间抚顺特钢股票价格整体呈现较大幅度的上涨趋势(见图3),可见撤销退市风险预警的利好信息已提前被市场参与者预知并反映在股价波动中,而在(0,5)区间股票价格回落调整,利好消息已被市场消化。基于这一情形,我们将该事件的事件区间设定为(-2,2),将估计期间确定为股票价格波动较为平稳的(-30,-16)区间。由于撤销退市风险预警的事件期与估计期均处于揭露日至基准日之间,因此以抚顺特钢(-30,-16)区间的平均股票收益率作为事件期(-2,2)异常收益率的估计依据较合理。

图3 抚顺特钢撤销退市风险警示事件期股价波动

我们将抚顺特钢(-2,2)区间每日股票收益率与(-30,-16)区间平均股票收益率的差额作为其事件区间的每日异常回报率(见表7),并对(-2,2)区间的预期收益率 $E(r_t)$ 进行调整,得到 $Adj\_E(r_t)$。

表7 撤销退市风险警示公告-2~2天即(-2,2)事件区间异常收益率调整

日期	非系统风险事件区间	异常回报率/%
2019年4月2日	-2	4.65
2019年4月3日	-1	4.64
2019年4月8日	0	0.37
2019年4月9日	1	-2.39
2019年4月10日	2	-3.94

2. 股价模拟计算

通过以上运算，我们得到经系统性风险与非系统性风险调整后的预期收益率 Adj_E(r_t)，进而推算抚顺特钢在实施日至基准日期间的模拟股价 P_t。在抚顺特钢案件中，以实施日前一日股价为股票真实价值起点（$P_t = P_0 \times (1 + Adj\_E(r_1)) \times (1 + Adj\_E(r_2)) \times \cdots \times (1 + Adj\_E(r_t))$）计算所得的股票价格曲线整体处于以基准日股价为真实价值起点（$P_t = P_0 / [(1 + Adj\_E(r_1)) \times (1 + Adj\_E(r_2)) \times \cdots \times (1 + Adj\_E(r_t))]$）所得的股价曲线之上；揭露日至基准日区间，经非系统性风险因素调整后的两条股票模拟价格曲线较接近（见图 4）。

需要注意的是，在法院认定的实施日前，被诉公司所发布的虚假陈述信息可能已通过非正式渠道为部分投资者知晓，并反映在股票价格中，因此实施日前一天的股票价格可能虚高于真实价值，导致股价模拟曲线整体偏高，计算得到的风险认定扣除比例也相应较高。而在基准日，被诉公司的股票换手率自揭露日以来已达到 100%，虚假陈述揭露所产生的影响和冲击已基本被消化，因此，以基准日股价作为股票真实价值计算起点所推断得到的模拟股价相对更低。

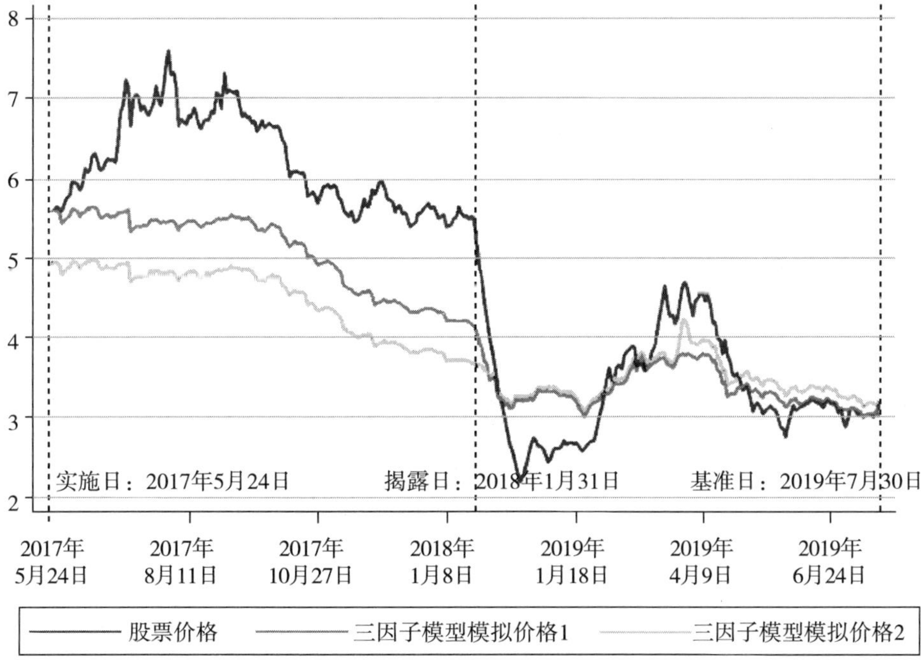

基于三因子模型的抚顺特钢股价模拟

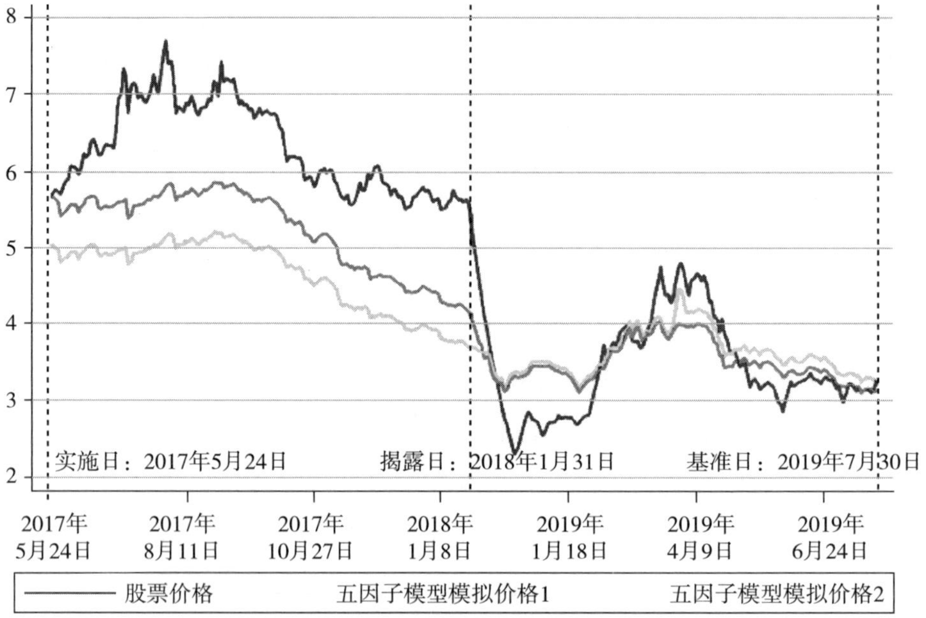

基于五因子模型的抚顺特钢股价模拟

图 4　基于多因子模型的抚顺特钢股价模拟

注:股票模拟价格的估计区间为实施日至基准日,三因子(五因子)模型模拟价格 1 表示以实施日前一天股价为股票真实价值起点,通过三因子(五因子)模型估计预期收益率推算所得的考察区间模拟股价;三因子(五因子)模型模拟价格 2 表示以基准日股价为股票真实价值起点,通过三因子(五因子)模型估计预期收益率推算所得的模拟股价。

从股价模拟曲线的走势看,以实施日和基准日股价为真实价值起点的三因子、五因子模型计算结果相近(见图 5)。由此不难看出,在三因子模型的基础上加入新的因子对股票价格的模拟测算结果不会产生巨大影响。

以实施日为计算起点的多因子模型模拟股价对照

以基准日为计算起点的多因子模型模拟股价对照

图 5　多因子模型模拟股价对照

注:股票模拟价格的估计区间为实施日至基准日,三因子(五因子)模型模拟价格 1 表示以实施日前一天股价为股票真实价值起点,通过三因子(五因子)模型估计预期收益率推算所得的考察区间模拟股价;三因子(五因子)模型模拟价格 2 表示以基准日股价为股票真实价值起点,通过三因子(五因子)模型估计预期收益率推算所得的模拟股价。

基于法院判决的繁简适当原则和通俗易懂原则,考虑到因子过多、计算方式过于复杂的模型会影响虚假陈述判决的可理解性和结果重现,我们认为,可选择最为简明的三因子模型计算风险扣除比例。鉴于模拟股价 1 显著高于模拟股价 2,在具体的司法实践中,为平衡原告投资者与被诉上市公司双方的利益,我们取以实施日和基准日分别作为计算起点的模拟股价 1 和模拟股价 2 的平均值作为三因子模型的模拟股价均值(见图 6)。

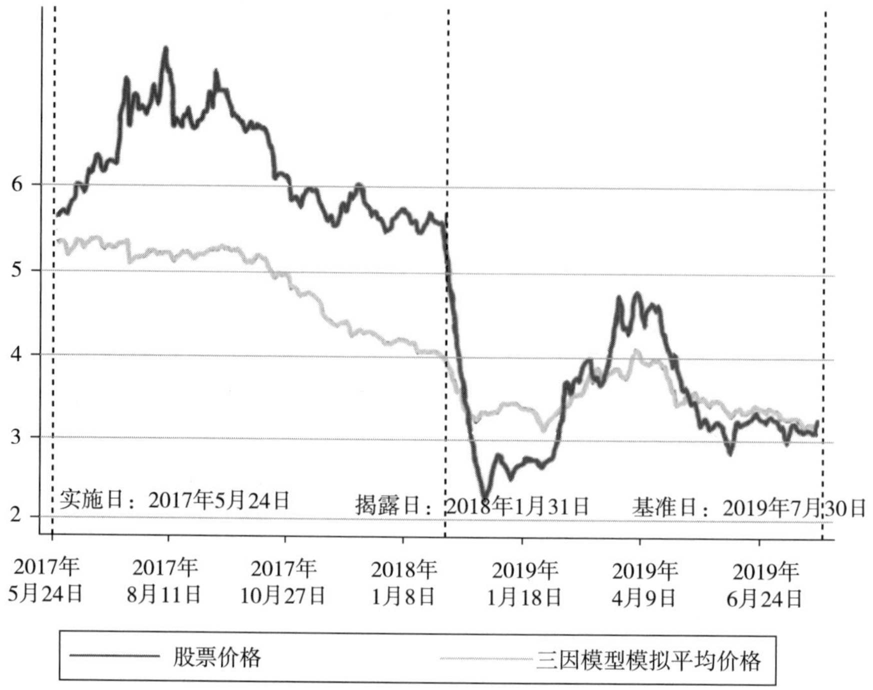

图 6　三因子模型模拟抚顺特钢股价均值

注:股票模拟价格的估计区间为实施日至基准日。三因子模型模拟股价均值为三因子模型模拟价格 1 与三因子模型模拟价格 2 的平均值。

3. 投资者损失计算

我们以抚顺特钢投资者王五为例进行投资者损失金额计算。若以 2017 年 5 月 24 日为虚假陈述实施日,则在实施日前王五已有一定数量的股票交易,虚假陈述实施日前一天王五的股票持仓数量为 48,000 股(王五在抚顺特钢虚假陈述实施日至揭露日期间的股票交易记录见表 8)。我们采用移动平均法以实施日后的第一笔股票购入为起点计算抚顺特钢投资者王五的股票买入均价,依据先进先出原则,实施日后卖出的股份先冲减实施日前的持仓股份,抵减后再冲减实施日后购入的股份。则有:

实际买入均价 = (5.89 × 11,000 + 5.62 × 14,000)/(11,000 + 14,000) = 5.74 元

在揭露日投资者王五的持仓股份为 51,000 股,其中 11,000 + 14,000 = 25,000 股为实施日至揭露日期间买入。如前所述,揭露日后的股份出售首先冲减实施日前的持仓股份(26,000 股),后冲减实施日至揭露日期间购入股份(25,000 股)。由此可以推算,2019 年 3 月 21 日王五以价格 4.29 元卖出 2200 股是可冲减实施日至揭露日期间购入股份的第一笔交易,其中 900 股用于冲减实施日前持仓股份,1300 股用于抵减实施日后购入股份。王五在实施日至揭露日期间购入的 25,000 股在 2019 年 6 月

4 日(基准日前)全部卖出,当日共卖出股份 9900 股,其中有 8900 股用于抵减实施日至揭露日期间购入股份。则有:

实际卖出均价 =(4.29 × 1300 + 4.29 × 1800 + 4.48 × 13,000 + 2.89 × 8900)/25,000 = 3.89 元

王五实际投资差额损失 =(实际买入均价 - 实际卖出均价)× 揭露日有效持股余额在揭露日至基准日期间卖出股数 =(5.74 - 3.89)× 25,000 = 46,250 元

表 8　投资者王五实际损失金额计算

交易日期	成交数量/股	成交价格/元	成交金额/元	证券余额/元	实际买入均价/元	实际卖出均价/元	实际损失/元
2017 年 6 月 2 日	-4400	5.75	-25,300	43,600	5.74	3.89	46,250.00
2017 年 6 月 2 日	-3600	5.75	-20,700	40,000			
2017 年 11 月 10 日	11,000	5.89	64,790	51,000			
2017 年 11 月 17 日	14,000	5.62	78,680	65,000			
2017 年 12 月 7 日	-400	5.99	-2396	64,600			
2017 年 12 月 7 日	-13,600	5.99	-81,464	51,000			
2019 年 2 月 28 日	14,100	3.61	50,901	65,100			
2019 年 3 月 1 日	-8500	3.8	-32,300	56,600			
2019 年 3 月 1 日	-2000	3.8	-7600	54,600			
2019 年 3 月 1 日	-3600	3.8	-13,680	51,000			
2019 年 3 月 5 日	15,000	3.84	57,600	66,000			
2019 年 3 月 21 日	-11,000	4.29	-47,190	55,000			
2019 年 3 月 21 日	-2200	4.29	-9438	52,800			
2019 年 3 月 21 日	-1800	4.29	-7722	51,000			
2019 年 3 月 29 日	13,000	4.18	54,340	64,000			
2019 年 4 月 2 日	-13,000	4.48	-58,240	51,000			
2019 年 6 月 4 日	-9900	2.89	-28,611	41,100			

我们以三因子模型模拟股价均值替换王五实际买入与卖出价格,计算得到王五模拟投资差额损失(见表 9)。具体而言:

模拟买入均价 =(4.68 × 11,000 + 4.41 × 14,000)/(11,000 + 14,000)= 4.53 元

模拟卖出均价 =(3.79 × 1300 + 3.79 × 1800 + 3.92 × 13,000 + 3.28 × 8900)/25,000 = 3.68 元

王五模拟投资差额损失 =(模拟买入均价 – 模拟卖出均价)× 揭露日有效持股余额在揭露日至基准日期间卖出股数 =(4.53 –3.68)×25,000 =21,250.00 元

应赔偿王五投资损失金额 =46,250 –21,250 =25,000 元

表 9　投资者王五模拟损失金额计算

交易日期	成交数量/股	成交价格/元	成交金额/元	证券余额/元	三因子模型模拟股价 1/元	三因子模型模拟股价均值/元	模拟买入均价/元	模拟卖出均价/元	模拟损失/元
2017 年 6 月 2 日	–4400	5.75	–25,300	43,600	5.51	5.19			
2017 年 6 月 2 日	–3600	5.75	–20,700	40,000	5.51	5.19			
2017 年 11 月 10 日	11,000	5.89	64,790	51,000	4.97	4.68			
2017 年 11 月 17 日	14,000	5.62	78,680	65,000	4.69	4.41			
2017 年 12 月 7 日	–400	5.99	–2396	64,600	4.47	4.21			
2017 年 12 月 7 日	–13,600	5.99	–81,464	51,000	4.47	4.21			
2019 年 2 月 28 日	14,100	3.61	50,901	65,100	3.45	3.48			
2019 年 3 月 1 日	–8500	3.8	–32,300	56,600	3.45	3.48			
2019 年 3 月 1 日	–2000	3.8	–7600	54,600	3.45	3.48	4.53	3.68	21,250
2019 年 3 月 1 日	–3600	3.8	–13,680	51,000	3.45	3.48			
2019 年 3 月 5 日	15,000	3.84	57,600	66,000	3.58	3.61			
2019 年 3 月 21 日	–11,000	4.29	–47,190	55,000	3.76	3.79			
2019 年 3 月 21 日	–2200	4.29	–9438	52,800	3.76	3.79			
2019 年 3 月 21 日	–1800	4.29	–7722	51,000	3.76	3.79			
2019 年 3 月 29 日	13,000	4.18	54,340	64,000	3.68	3.71			
2019 年 4 月 2 日	–13,000	4.48	–58,240	51,000	3.80	3.92			
2019 年 6 月 4 日	–9900	2.89	–28,611	41,100	3.21	3.28			

五、结论:基于模拟测算结果对“3 + X”风险认定方法的评价

基于以上论述,我们提出“3 + X”风险认定方法。首先,与“同步指数法”相比,这类基于多因子模型的系统性风险计算方法考虑了不同公司对系统性风险的敏感性差异,其风险认定更为精细化;其次,与单因子模型相较,三因子模型进一步增加了规模因子与账面市值比因子,对风险因子的考量更加全面。

那么是否有必要在三因子模型的基础上加入新的风险因子?由前文的模拟测算

结果来看,五因子模型在原三因子模型的基础上加入了盈利能力因子与投资模式因子,但股价模拟结果与三因子模型非常接近。尤金·法玛和肯尼恩·弗伦奇在研究中亦试图将包括财务杠杆在内的其他因子变量加入模型,但其研究结果显示,其他风险因子对股票收益率的影响多能够被规模因子和账面市值比因子吸收,加入模型后成为冗余因子。由此我们认定,三因子模型是适用于虚假陈述民事赔偿风险认定且最符合成本效益原则的股价模拟模型,同时也符合法院判决的繁简适当原则和通俗易懂原则。

在采纳三因子模型估计系统性风险影响的基础上,我们通过识别实施日至基准日期间被诉上市公司的重大事项进而剥离非系统性风险。首先,该重大事项应与被诉上市公司的虚假陈述事件无关;其次,该重大事项会对投资者的判断产生重大影响,足以引起股价的异常波动。

若以揭露日为节点,可将考察区间划分为虚假陈述信息已揭露和未揭露两个阶段。当重大事项的事件期与估计期处于相同阶段时,我们可以将被诉上市公司股票在估计期的收益率作为事件期异常收益率的计算依据,被诉公司股票在事件期的日度收益率与估计期平均股票收益率的差额可视为当日异常收益率。考虑到重大事件信息可能提前被市场预知,我们通常将估计期设定为(-30, -15)。在实际案例中,估计期与事件期的确认可根据股价波动而定。

当重大事项的事件期与估计期处于不同阶段时,不再适用以估计期的股票平均收益率作为事件期异常收益率的调整依据。此时,我们选取事件期前后我国 A 股市场发生同类重大事项的上市公司作为参照对象,将其他上市公司在重大事项事件期的股价异常波动作为被诉上市公司异常收益率的计算依据。

此外,对于以实施日为计算起点所得模拟股价整体高于以基准日为计算起点所得模拟股价的情形,我们采用了两类模拟股价取均值的计算方法,较合理地平衡了投资者与被诉上市公司双方的利益。

我们认为,"3 + X"的风险认定方法较好地兼顾了计算逻辑的合理性和计算方法的可操作性,在保证计算结果科学性的前提下尽量做到简明易懂,具有较高的可行性。

我国机构投资者参与上市公司治理意愿分析与优化建议

中国政法大学张子学课题组*

摘　要：调查问卷显示，目前我国机构投资者参与上市公司治理的意愿强烈，但面临持股分散、成本较高等难点；主要参与形式为参加股东大会并行使表决权；虽然极少数机构投资者通过公开征集方式参与过上市公司治理，但超半数机构投资者愿意参与中证中小投资者服务中心（以下简称投服中心）发起的公开征集股东权利，同时也存在投服中心公开征集的诉求与所在机构的诉求并不完全一致等担忧。针对这些情况，本课题组提出了三个方面的建议：(1)在总体安排上，顺应国际上强化机构投资者参与上市公司治理的潮流，起草发布中国版的《机构投资者尽职治理准则》，引导、督促、指导机构投资者积极参与上市公司治理。(2)在机构投资者行使投票权上，修订相关基金管理法律规则，基于基金管理人信义义务规制其代理投票行为，同时允许本土商业性或者公益性投票顾问为机构投资者参与上市公司治理提供专业化服务，并进行有效规制。(3)在征集股东权利方面，以宣讲落实2019年修订的《证券法》与证监会最新发布的《公开征集上市公司股东权利管理暂行规定》为契机，进一步细化与完善相关规则与机制，充分发挥投服中心在实施公开征集制度、监督与强化上市公司治理上的作用。

关键词：机构投资者　公司治理　征集表决权　投资者保护机构

作为重要的市场参与主体，机构投资者对优化投资者结构、完善资本市场功能有着不可忽视的作用，同时也是公司治理机制的重要组成部分。机构投资者的股东积

---

* 课题组负责人：张子学，中国政法大学民商经济法学院教授。课题组成员：邹润淇，深圳价值在线信息科技股份有限公司研究总监；程昱丁，深圳价值在线信息科技股份有限公司研究员；王琳，北京邮电大学经济管理学院经济系讲师。

极主义兴起于20世纪80年代,具体表现为养老基金为首的机构股东通过行使股东权利积极参与公司治理。机构投资者参与上市公司治理能带来双赢的局面,但实践显示机构投资者参与上市公司治理的意愿不强、积极性不高,一定程度上与机构投资者参与上市公司治理所面临的激励不足和利益冲突等问题相关。

为解决上述矛盾与问题,部分地区的监管机构增强了对机构投资者参与上市公司治理的推动、督促与引导。20世纪80年代,美国证监会发布14a－8规则,要求上市公司提请股东大会讨论的议案中应当包含股东提出的议案,这为投资者参与公司决策提供了制度保障。针对机构投资者对被投资公司的监督与参与不理想的状况,欧盟委员会提出了多种针对性措施,包括要求机构投资者制定和披露"遵守或解释"的股东参与政策,说明机构投资者将如何采取行动,包括:(1)将股东参与纳入投资战略;(2)监督被投资公司,包括其非财务表现;(3)与被投资公司进行对话;(4)行使投票权;(5)使用投票顾问提供的服务;(6)与其他股东合作。此外,机构投资者应披露其政策结果、投票方式以及为何如此投票的解释。

近年来,一些法域陆续发布并持续更新了《机构投资者尽职治理守则》或者《负责任拥有权原则》,通过"遵守或者解释"的方式,旨在通过原则性的架构与指引,鼓励机构投资者运用其专业与影响力,善尽资产拥有人或管理人责任,以增进本身及资金提供者的长期价值。机构投资者通过对被投资公司的关注、对话、互动,以及致力提升投资价值的过程,促使被投资公司改善公司治理质量,带动产业、经济及社会整体的良性发展。这些守则或者原则一般包括制定并披露尽职治理政策、制定并披露利益冲突管理政策、持续关注被投资公司、适当与被投资公司对话及互动、建立并披露明确的投票政策与披露投票情形、定期披露履行尽职治理的情形等。

2015年修订后的《二十国集团/经合组织公司治理原则》指出,机构投资者和资产管理人参与公司治理的能力和利益发生了很大变化;作为信义义务人,机构投资者应当披露与其投资有关的公司治理及投票政策,包括决定使用投票权的相关程序;机构投资者已制定并披露了公司治理政策后,政策执行的有效性要求其投入恰当的人力和资金资源,并按照符合受益人和投资组合公司要求的方式实施治理政策。

近年来,我国机构投资者获得了长足发展,类型与结构层次也在不断丰富。尽管机构投资者参与上市公司治理存在一些障碍,但并不影响其作为外部治理机制的重要地位。2002年,中国证监会和原国家经济贸易委员会联合发布的《上市公司治理准则》提出,机构投资者应在董事选任、激励与监督、重大决策等方面发挥作用。2013

年6月起施行的《证券投资基金法》第20条规定,管理人可以以自身名义,代表基金份额持有人利益行使诉讼权利或者实施其他法律行为,这为管理人行使基金所持有的上市公司股份对应的股东权利奠定了基本法律的基础。2018年,中国证监会发布了修订后的《上市公司治理准则》,新增了机构投资者专章,强化了机构投资者行使股东权利和参与公司治理的义务。

公开征集股东权利,是机构投资者参与上市公司治理的重要手段。我国《上市公司治理准则》(2018年修订)、《上市公司章程指引》(2019年修订)、《上市公司股东大会规则》均有公开征集的规定,实践中也不时出现上市公司董事会、独立董事、股东实施公开征集的案例。2019年修订的《证券法》首次以立法形式确认了这一制度,该法第90条专门规定,上市公司董事会、独立董事、持有1%以上有表决权股份的股东或者依照法律、行政法规或者国务院证券监督管理机构的规定设立的投资者保护机构,可以作为征集人,自行或者委托证券公司、证券服务机构,公开请求上市公司股东委托其代为出席股东大会,并代为行使提案权、表决权等股东权利;依照该规定征集股东权利的,征集人应当披露征集文件,上市公司应当予以配合;禁止以有偿或者变相有偿的方式公开征集股东权利;公开征集股东权利违反法律、行政法规或者国务院证券监督管理机构有关规定,导致上市公司或者其股东遭受损失的,应当依法承担赔偿责任。2021年12月,中国证监会发布了《公开征集上市公司股东权利管理规定》,明确了公开征集的定义、适格主体、征集活动原则,公开征集的信息披露要求,表决权征集程序、提案权征集程序、撤销征集及授权委托等相关安排,强化对征集活动的监督管理。

本文旨在通过对我国机构投资者参与上市公司治理的情况和意愿进行调查统计与分析汇总,摸清我国机构投资者参与上市公司治理的总体考虑与具体考量,了解影响机构投资者参与上市公司治理的积极因素与消极因素,尤其是对机构投资者通过征集股东权利参与上市公司治理的情况与意愿进行专门的调查分析,并提出监管部门与投资者保护机构指导、引导机构投资者参与上市公司治理的建议。

一、我国机构投资者参与上市公司治理的情况和意愿调查分析

为详细了解并分析机构投资者参与上市公司治理的意愿及方式,本课题组于2021年8月在投服中心有关部门和专家指导下,经征求证监会上市公司监管部、中国上市公司协会、中国证券投资基金业协会、亚洲公司治理协会等有关部门、专家的意

见,设计了《机构投资者以公开征集方式参与公司治理意愿的调查问卷》;2021年9月至10月在中国证券投资基金业协会、中国保险资产管理业协会协助下,陆续向公募基金管理机构、私募基金管理机构、证券公司资管机构、保险资产管理机构等机构投资者发送了调查问卷;于2021年11月初完成调查问卷的回收,11月中下旬完成了调查问卷的统计与汇总分析。问卷总体反映出目前国内机构投资者对参与上市公司治理的意愿强烈,但面临持股分散、成本较高等难点,目前主要参与形式为参加股东大会并行使表决权。虽然极少数机构投资者通过公开征集方式参与过上市公司治理,但超半数机构投资者愿意参与投服中心公开征集股东权利,同时也存在"投服中心公开征集的诉求与所在机构的诉求并不完全一致"等担忧。具体情况如下:

(1)关于对公司治理作用的认识,大部分受访机构投资者认为,上市公司治理水平与公司财务表现非常相关,机构投资者投资一家上市公司最看重的因素是成长性、盈利能力与规范性。这反映出机构投资者高度认同良好的公司治理对于公司经营业绩与公司价值的保障与促进作用。

(2)关于参与公司治理的意愿与动因,多数机构投资者对参与上市公司治理很感兴趣,参与公司治理的主要动因是获取长期受益、增加了解。

(3)关于参与上市公司治理的难点,主要是持股比较分散,无暇对每个被投公司的相关事项逐一分析;参与公司治理成本较高,缺乏人才或财务资源;平均持股周期较短,参与上市公司治理动力不足;无法与董事会直接沟通表达诉求;董事会缺乏独立性,独立董事没有起到沟通作用等。

(4)关于参与上市公司治理的途径,主要为参加股东大会,行使表决权。此外,还有与上市公司私下直接交流,推荐董事、监事人选并监督董事、监事履职以及行使提案权,公开征集表决权、提案权。另有少数情况下,通过监管部门包括证券交易所与上市公司进行沟通。

(5)关于具体参与上市公司治理的情况,2/3的受访机构对上市公司行使过股东权利,行使的股东权利主要为表决权,行使表决权的方式主要为通过交易所提供的网络投票平台投票。

(6)关于参与公司治理的效果,大部分机构投资者认为,所在机构对上市公司行使股东权利的效果一般。

(7)关于本机构参与上市公司治理的公开情况,四成受访者表示其并不清楚,近两成受访者表示公开了参与上市公司治理的目标、原则和投票政策,近一成受访者表示公开了表决权行使的策略、股东权利行使的情况及效果,以及与被投公司沟通的次数、形式和主要沟通事项。

(8)关于愿意参与上市公司治理的事项,六成以上机构愿意参与增发配股和并购重组事项,超过半数的机构愿意参与股利分配、股权激励事项,超过四成的机构愿意参与关联交易、董监高选举事项,超过三成的机构愿意参与公司章程修订、担保事项,近两成机构愿意参与授权事项,超过一成的机构愿意参与承诺事项。

(9)关于阻碍机构投资者更多参与被投公司治理的因素,接近半数机构认为是被投企业大股东话语权强,机构投资者话语权不足;超过一成的机构认为是机构投资者与上市公司的交流不充分、信息不对称;还有少数机构认为是机构投资者参与上市公司治理成本较高、持股时间短、无专业人才、法律制度不完善等。

(10)关于推动机构投资者积极参与公司治理的建议,按照建议机构数量排名来看:靠前的是完善相关法律法规与提升信息披露质量;其他的建议包括保护投资者利益为出发点、被投资公司及高管人员主动作为、独立董事的积极推动、加强投资者教育、降低大股东持股比例、流程规范易操作、设计合理的交易结构、提供便利条件、提供实践案例、投资与机构投资者主业关联的企业、完善公司治理结构、有效发挥股东作用等。

(11)关于以公开征集方式参与公司治理的情况和意愿,极少数机构投资者通过公开征集方式参与过上市公司治理;超半数机构投资者愿意参与投服中心公开征集股东权利。机构投资者不愿意参与投服中心发起的公开征集主要原因是,投服中心公开征集的诉求与所在机构的诉求并不完全一致。

(12)关于征集投票权在实践中的主要风险,近六成机构担心征集投票权成为控制权之争的工具,近四成担心利用征集操纵股价。

(13)关于公开征集股东权利制度需要完善之处,近三成机构选择征集的信息披露,超过两成的机构选择征集的操作流程、完善违规征集的法律责任、提升征集的便利度。

(14)关于对投服中心公开征集机构投资者股东权利的建议,主要包括保持合理的沟通频率,建立有效的沟通机制;拓宽信息渠道,信息披露充分,公开公正公平;流程规范,易操作等。

随着机构投资者管理规模快速增长、机构投资者类型的日益多元化,不同类型投资者追求不同的投资目标,采用不同的投资策略,其参与上市公司治理的意愿、方式、对上市公司治理的影响也各不相同。有学者基于 2015 年至 2019 年 A 股主板上市公司中机构投资者与公司治理相关数据，分析它们参与公司治理的实际效果；实证结果显示，不同类型的机构投资者在公司治理效果上存在明显差异：国内公募基金对遏制掏空行为、提升公司治理水平发挥积极影响，私募基金和合格境外投资者总体上效果不彰。[①] 另有海外学者对中国机构投资者的迅速崛起进行了最新系统分析与分类，指出随着不同类型机构投资者的激增，政府通过放松政策和法律改革，改善公司治理，稳定股市，积极、逐步地促进国内机构投资者的增长，同时限制外国机构投资者的影响力。这些学者在分析中国机构投资者开展的所有积极股东案例基础上，描述了政府如何直接和间接地控制国有机构投资者和私有机构投资者，以实现“政策导引”目标；并指出，政府不对机构投资者进行日常微观管理，机构投资者通常根据自由市场力量经营，越来越扮演重要的公司治理角色，政府利用机构投资者在危机时稳定市场，执行重要的法律和市场改革，在关键政治事件中保持社会稳定。[②]

国际上一直存在支持与反对机构投资者参与上市公司治理的不同声音，支持机构投资者积极参与公司治理的意见占据主导地位；需要针对不同机构投资者参与上市公司治理的不同情况，区分“好的积极股东”与“坏的积极股东”。[③]

基于以上背景，本课题组认为，总体而言，对于机构投资者参与上市公司治理，我国应持支持、鼓励、提供便利的态度与导向，同时针对我国情况与问题，在下文中，提出三个方面的建议。

二、总体安排上，顺应强化机构投资者参与上市公司治理的潮流，起草发布中国版的《机构投资者尽职治理准则》，引导、督促、指导机构投资者积极参与上市公司治理

上述调查问卷表明，尽管机构投资者普遍认同良好的公司治理在提升公司价值中的作用，也普遍有兴趣参与上市公司治理，但是由于缺乏外部的督促指导，我国机

---

① 参见龚浩川、习超：《戴着镣铐跳舞的机构投资者》，载《清华法学》2021 年第 5 期。

② Lin Lin, Puchniak Dan W., *Institutional Investors in China: Corporate Governance and Policy Channeling in the Market Within the State* (June 3, 2021), European Corporate Governance Institute-Law Working Paper No. 590/2021, Columbia Journal of Asian Law.

③ Hill Jennifer G., *Good Activist/Bad Activist: The Rise of International Stewardship Codes* (September 1, 2017), Seattle University Law Review, 2017, Forthcoming, European Corporate Governance Institute (ECGI)-Law Working Paper No. 368/2017, Sydney Law School Research Paper 17/80.

构投资者参与上市公司治理的程度还有较大的提升空间,参与公司治理的效果也不够明显。

为了推动和规范机构投资者参与上市公司治理,英国于2010年率先针对机构投资者推出了非强制性的《尽职治理守则》(UK Stewardship Code,又译为《尽责管理守则》)。截至2020年年底,全球一共有21个法域借鉴英国的做法,发布了本法域的尽职治理准则,敦促机构投资者负责任地行使股东权利,与持股上市公司进行积极互动,以促进上市公司治理水平的提升。①

就制定与发布规则的主体而言,分为三种模式:(1)由政府监管机构或者代表政府的准监管机构发布,如日本、马来西亚、泰国、印度、丹麦等。(2)由多种行业参与者发起发布,如南非、新加坡、韩国。韩国是一个有趣的例子。尽管韩国监管机构试图在2015年引入自己的尽职治理守则,但是由于企业界反对,所以没有成功。企业界认为,这样的准则将削弱他们的自主权,并允许机构投资者过度干预企业管理。一个由证券交易所、金融投资协会、上市公司协会为主要会员的民间组织"韩国公司治理服务"组织随后介入,于2016年12月成功发布了一项自愿性的《尽职治理准则》。(3)由投资者自己主导发布,如澳大利亚、巴西、加拿大、意大利、荷兰、瑞士,呈现强烈的自治路径。在加拿大,尽管许多上市公司拥有主导股东或控股股东,但机构投资者在公司治理事务方面具有很大的影响力。加拿大"良好治理联盟"(Canadian Coalition for Good Governance,CCGC)由加拿大最大的机构投资者组成,发布了一整套股东监督和参与被投资公司治理的原则。英国最早也是由投资者主导发布,后来为了提高影响力,改由"财务报告委员会"发布,属于第一种模式。美国目前的情况属于第三种模式。

从实施路径看,大多数国家或地区的尽职治理准则为非强制性规则,机构投资者可自行决定是否受规则约束,并适用"遵守或者解释"的公司治理原则,但也有个别法域,如印度、澳大利亚,设置为强制性规则。针对资产管理者和资产所有者,澳大利亚的监管机构推出了两套不同的尽职治理准则。其中,针对资产管理者的准则为强制性规则,要求其100多名会员单位必须遵守。印度的监管机构为不同类型的机构投资者设立了三种尽职治理准则,分别为2017年由保险业监管机构发布的针对保险公司的尽职治理准则、2018年由养老金监管机构发布的针对养老金管理机构的尽职治

① 唐淑薇、胡至臻:《机构投资者参与上市公司治理境外实践》,载中国证券投资基金业协会官方网站《声音》栏目。

理准则,以及 2019 年 12 月由印度证监会发布的针对资产管理机构(包括共同基金、另类投资基金等)的尽职治理准则。三份准则内容略有差异,但均具有强制效力,要求受监管的机构投资者必须在指定日期前实现遵守。[①]

在不到 20 年的时间里,机构股东尽职治理的理念已经成为一种全球现象。六大洲、20 多个法域以英国为蓝本制定与发布了尽职治理守则。虽然绝大多数尽职治理守则具有"软法"的性质,采取自愿加入、"遵守或者解释"的原则,但是,其对公司治理影响的作用已经开始逐步显现,被嵌入各种法律体系、股东市场和企业文化。

就亚洲而言,尽职治理的理念风靡,区域内大多数法域出台了尽职治理守则。尽职治理在全球产生了影响力,表面上展现了全球在公司治理概念上的逐渐趋同。但实际上,因各国文化或股权结构不同,所欲解决的公司治理问题也有所不同,而采纳尽职治理守则的目的,也并非单纯为激励冷漠的机构投资者而设。具体而言,亚洲的股权结构与英国并不相似,英国上市公司的股权主要由机构投资者持有;在亚洲的上市公司中,尽管机构投资者持股有增加趋势,但大多存在单一控制股东,机构投资者并没有足够的控制权。而在股东参与上,英国主要股东为机构投资者,但他们是"沉睡的巨人",理性且又被动地参与公司治理;而亚洲的控制股东,却是理性并且参与公司经营的所有者。所以,亚洲公司治理问题并非如英国股东缺乏参与、管理或监督,而是主要股东参与并经营,其所考虑的问题为是否符合自身利益,而非如何作一名为全体股东、环境或社会谋取利益的"好管家"。在此种环境下,英国模式似乎在亚洲并不重要,尽职治理守则在亚洲激增的原因,或许仅系为政府或市场宣示良好公司治理信号。但也因为问题不同,使尽职治理守则在各国产生多元化的样态,导致预期功能以及实际功能也与英国不同。

2018 年,中国证监会修订后发布的《上市公司治理准则》新增了"机构投资者"专章,基本的态度是"鼓励"机构投资者"合理"参与上市公司治理;明确了机构投资者的范围,包括社会保障基金、企业年金、保险资金、公募基金的管理机构和国家金融监督管理机构依法监管的其他投资主体等机构投资者;参与方式是依法行使表决权、质询权、建议权等相关股东权利;参与的事项是重大事项决策,推荐董事、监事人选,监督董事、监事履职情况等;在参与情况的披露上,鼓励机构投资者公开其参与上市公司治理的目标与原则、表决权行使的策略、股东权利行使的情况及效果。2018 年《上

① 唐淑薇、胡至臻:《机构投资者参与上市公司治理境外实践》,载中国证券投资基金业协会官方网站《声音》栏目。

市公司治理准则》提供了我国机构投资者参与上市公司治理的依据与基调,建议针对调查问卷反映的我国机构投资者参与上市公司治理的渠道比较单一、事项范围比较狭窄等情况,基于我国上市公司的股权结构、股东结构、机构投资者构成与投资模式等情况,经中国证监会肯认,由投服中心牵头,联合中国证券投资基金业协会、中国证券业协会、中国上市公司协会与中国保险资产管理业协会以及上海、深圳、北京证券交易所等自律组织,起草发布中国版的《机构投资者尽职治理准则》,依照自愿加入、"遵守或者解释"、适当披露的总体原则,引导、督促、指导机构投资者积极参与上市公司治理。

三、在机构投资者行使投票权上,修订相关基金管理法律规则,基于基金管理人信义义务规制基金管理人代理投票行为;同时允许本土商业性或者公益性的投票顾问为机构投资者参与上市公司治理提供专业化服务,并进行有效规制

(一)监管机构对基金管理人代理投票行为的规制

在美国证监会注册的投资顾问代表客户管理着巨额资产,持有大量股权证券。在大多数情况下,客户授权这些投资顾问代理其投票表决与这些股权证券相关的事务。这种投票权赋予了投资顾问显著能力,其可以联合起来,在很多情况下可以单独影响股东投票的结果,并影响公司治理。因此,投资顾问能够显著影响公司的未来,从而影响其客户持有的公司证券的未来价值。

美国《证券法》并没有具体规定投资顾问必须以及如何为其客户行使其代理投票权。然而,根据美国1942年《投资顾问法》,投资顾问是信义义务人,就其代表客户实施的包括代理投票在内的所有服务,对每个客户负有注意义务和忠实义务。注意义务要求具有代理投票权的投资顾问监督企业活动,并进行代理投票。为履行其忠实义务,投资顾问必须以符合客户最佳利益的方式投票,不得以自己利益取代客户利益。

投资顾问可能存在一些影响代理投票方式的利益冲突。例如,投资顾问(或其附属机构)可以管理养老金计划、员工福利计划,或者向管理层正在征集代理投票权的公司提供经纪、承销、保险或银行服务。不投票支持管理层可能会损害投资顾问与公司的关系。投资顾问还可能与竞争代理投票权的参与者、公司董事或董事候选人有

业务或个人关系。例如,该投资顾问的一名高级管理人员可能有配偶或其他近亲属担任某家公司的董事或者高级管理人员。

出于对这些冲突以及它们对投资顾问客户的影响的担忧,2003 年 1 月,美国证监会发布了一份名为《投资顾问代理投票》(Proxy Voting by Investment Advisers)的释令(Release No. IA – 2106),新增美国《投资顾问法》下的《代理投票规则》[Rule 206(4) – 6],旨在防止重大利益冲突影响投资顾问代理投票客户的方式,要求投资顾问为了客户最佳利益采取和实施代理投票的政策和程序,向客户描述程序,并告诉客户怎样获得有关投资顾问如何实际代理投票的信息;同时修订记录保存规则(Rule 204 – 2),优化记录保存要求,减轻投资顾问负担。

美国的投资顾问,对应我国的基金管理(资产管理)机构与证券投资咨询机构。我国 2015 年《证券投资基金法》第 9 条规定:"基金管理人、基金托管人管理、运用基金财产,基金服务机构从事基金服务活动,应当恪尽职守,履行诚实信用、谨慎勤勉的义务。"2018 年《关于规范金融机构资产管理业务的指导意见》(以下简称资管新规)第 2 条规定:"金融机构为委托人利益履行诚实信用、勤勉尽责义务并收取相应的管理费用,委托人自担投资风险并获得收益。"2014 年《私募投资基金监督管理暂行办法》第 4 条规定:"私募基金管理人和从事私募基金托管业务的机构、运用私募基金财产,从事私募基金销售业务的机构及其他私募服务机构从事私募基金服务活动,应当恪尽职守,履行诚实信用、谨慎勤勉的义务。"

上述规定中的"诚实信用、谨慎勤勉",类似美国投资顾问的信义义务。目前,无论是从立法、行政监管、自律监管上,还是司法认知、学理认同上,普遍认为,我国基金(资管)机构对投资者承担注意(审慎)义务与忠实义务。

(二)机构投资者投票顾问机构的兴起与监管

机构投资者投票顾问服务机构(proxy advisory firm)又称投票顾问(proxy advisor),是指通过向机构投资者提供其持股公司投票建议、公司治理状况评级等产品以获利的咨询服务机构。投票顾问机构最早出现于 20 世纪 80 年代的美国,其中既有经济动因,也有监管动因。此后,其影响力与日俱增,已成为影响成熟资本市场公司治理的重要力量。[①] 其中,影响力最大的是机构股东服务公司(Institutional Shareholder Services, ISS)与格拉斯—刘易斯公司(Glass – Lewis & Co),世界各地众

---

① 郭雳、赵轶君:《机构投资者投票顾问的法律规制——美国与欧盟的探索及借鉴》,载《比较法研究》2019 年第 1 期。

多主要机构投资者、共同基金和信托机构依赖于它们的投票分析和推荐意见。这些机构每年度末都要公布其关于机构投资者代理投票的政策建议:先是发布征求意见稿,然后根据上市公司、机构投资者、研究机构、学者等方面的反馈意见发布最终报告。比如,2021 年 11 月 4 日,ISS 发布了其代理投票政策建议的征求意见稿,包括对存在双重股权结构、股权不平等的公司的董事投反对票,反对没有适当披露气候相关信息的公司或者没有设定量化温室气体减排目标的公司的相关董事连任等。上市公司与机构投资者一般会高度关注这些政策建议。

尽管投票顾问机构发挥了重要功能,但随着其权力的扩张,一直受到严重批评。正如前美国证监会委员丹尼尔·加拉格尔所归纳,这些批评集中在两个关键问题上。首先,投票顾问的建议是否受到利益冲突的影响;其次,即使没有受到利益冲突的影响,投票顾问是否作出了准确、透明和有用的建议。

作为代理投票机构和投票顾问机构的主要监管者,美国证监会多年来一直在考虑与投票顾问行业相关的优点和风险。2019 年,美国证监会发布《关于投资顾问的代理投票责任的指导意见》①,进一步明确了投票顾问的使用要求。该指导意见涉及多个主题,包括:投资顾问代理投票的权力和责任范围;投资顾问可以采取的步骤来证明他们在代理投票方面符合客户利益;使用投票顾问时的一般考虑;投票顾问机构分析中潜在事实错误、潜在不完整或潜在方法弱点的管理;以及对投票顾问机构服务的评估。根据该指导意见,美国证监会似乎打算为投资顾问遵守其信义责任设定一个高门槛,并有意不让他们不加评判地依赖第三方建议。

美国国会也对投票顾问的功能与权力投入了较大关注。2019 年 11 月,美国证监会对其管理投票顾问行为的规定提出了三项重大修订意见。2020 年 7 月,发布了最终规定。② 这些修订包括:首先,将美国证监会的立场法定化,即投票建议构成美国《证券交易法》下的征集(solicitation),因此,如果没有豁免,应受某些内容和备案(filing)要求的约束。其次,如果投票顾问披露潜在利益冲突,并向证券注册人和其他征集者提供在拟定的投票建议传播给投资者之前审查该建议的机会,使证券注册人和其他人有机会纠正建议中的错误并进行反馈,并将其反馈意见提供给投票顾问的客户,则可以豁免备案。最后,明确了美国证监会规制代理投票权征集的反欺诈规

---

① Commission Guidance Regarding Proxy Voting Responsibilities of Investment Advisers, 84 Fed. Reg. 47,420 (September 10. 2019),https://www.govinfo.gov/content/pkg/FR-2019-09-10/pdf/2019-18342.pdf.

② Final Rule: Exemptions from the Proxy Rules for Proxy Voting Advice (Conformed to Federal Register version), SEC,https://www.sec.gov/rules/final/2020/34-89372.pdf.

则(规则 14a－9)适用于投票顾问的情形;根据具体事实和情况,代理投票建议中未披露某些信息,如方法、信息来源或利益冲突,可能被视为具有误导性,从而构成代理投票规则意义上的欺诈。[①] 但是,由于新上任的美国证监会主席采取对投票顾问更加友好的立场,美国证监会又对 2020 年 7 月发布的最终规则进行了大幅修订,于 2021 年 12 月发布了新的建议规则。[②] 新的建议规则作了两个方面的改变:其一,放宽了投票顾问适用备案豁免的条件,只需要详细披露利益冲突就可以了,不强行要求投票顾问把投票建议发给发行人,再把发行人的意见反馈给投票顾问的客户两个程序。其二,对代理投票建议适用规则 14a－9 反欺诈条款的情形作了限缩,明确意见陈述(statements of opinion)不适用该条款。从实践来看,美国证监会历史上也未适用过该条款对投票顾问发起执法行动,虽然规则 14a－9 反欺诈条款之下投票顾问可能成为私人民事赔偿诉讼的被告,但是并未有发行人提起这种诉讼。

欧盟是投票顾问服务行业较发达的另一成熟资本市场。ISS 等巨头在欧盟市场具有影响力优势,以法国"代理投资公司"(Proxinvest)为代表的欧洲本土投票顾问也占有一席之地。进入 21 世纪以来,以法国为代表的欧盟成员国和欧洲证券市场监管局(The European Securities and Markets Authority,ESMA)开始探索规范投票顾问行业的可能性,出台了一些指导性、自律性的监管措施。2017 年,欧洲议会和欧盟理事会通过了新版《股东权利指令》,形成了欧盟层面统一的投票顾问监管规则。一些成员国已考虑并实施关于投票顾问的规定。根据新版《股东权利指令》,投票顾问应"根据行为守则,有效地报告其遵守该守则的情况",并"披露某些关于其研究准备、咨询、推荐投票的关键信息,以及任何影响研究准备、咨询与推荐投票的潜在利益冲突或业务关系。"总体而言,欧盟规则以透明度为核心,对行为准则采取披露与"遵守或解释"的原则,包括与投票顾问服务质量相关的信息披露、利益冲突管控、机构投资者使用投票顾问服务的披露等内容。

目前,投票顾问在我国尚属新鲜事物,相关实践较罕见。然而,随着我国资本市场对外开放不断扩大、境外机构投资者进入境内市场,以及境内机构投资者参与上市公司治理的深化,投票顾问机构在我国的市场前景值得期待。实际上,ISS 等国际投票顾问巨头已经对中国市场表现出充分关注,每年公布专为该市场制定的投票指南。

---

① See Rose Paul & Walker Christopher J., *Examining the SEC's Proxy Advisor Rule* (November 9, 2020), Report for U. S. Chamber of Commerce, November 2020, Ohio State Legal Studies Research Paper No. 576.

② See https://www.sec.gov/rules/proposed/2021/34－93595.pdf.

同时,诸多海外中概股公司的股东投票议题也成为 ISS 等分析的对象,其投票建议也不时成为市场关注乃至争议的焦点。比如,在 2010 年国美电器"陈黄之争"中,格拉斯—刘易斯建议支持现国美管理层;2015 年 7 月,在美上市的头部网络游戏开发商和运营商完美世界宣布 ISS 与格拉斯—刘易斯推荐完美世界股东投票批准公司与另两家公司签署的合并协议及计划。

可以预见,随着我国机构投资者队伍的日益壮大与多元化,监管机构与自律组织促进机构投资者参与上市公司治理并加以规制的努力,以及跨境上市与跨境公司治理情况的日益复杂,确有必要培养本土的投票顾问机构。建议采取双管齐下的方式。一种是商业化运作方式,由现有表现良好的持牌证券投资咨询机构或者证监会批准的独立机构,运用其强大的数据收集、分析能力与公司治理研究、评级、建议能力,提供商业化的研究与咨询服务,同时,以信息披露为抓手,以管理利益冲突为核心,实施适当的监管规制。另一种是公益化方式,基于近年来投服中心在保护投资者与参与上市公司治理上的积极作为与显著成就,可以在投服中心下设公益性质的公司治理数据分析与咨询建议分支机构,具体运作上可以充分利用证券交易所、中国上市公司协会、公司治理研究机构与公司治理专家、证券投资咨询机构的力量。

四、在征集股东权利方面,以宣讲落实 2019 年修订的《证券法》与证监会最新发布的《公开征集上市公司股东权利管理暂行规定》为契机,进一步细化与完善相关规则与机制,充分发挥投服中心在实施公开征集制度、监督与强化上市公司治理上的作用

(一)进一步完善有关信息披露细则与操作流程,便利机构投资者征集股东权利

上述问卷调查的结果表明,只有极少数机构投资者通过公开征集方式参与过上市公司治理。因此,还应当加强对 2019 年修订的《证券法》与证监会最新发布的《公开征集上市公司股东权利管理暂行规定》的宣传推介。同时,机构投资者从征集的信息披露与操作流程、追究违规征集法律责任、提升征集便利度等方面,提出了完善征集制度的建议。从信息披露制度来说,《公开征集上市公司股东权利管理暂行规定》已经初步明确了相关信息披露要求,规定了征集人、上市公司、召集人的信息披露义务,明确了征集公告、授权委托书、行权结果公告、法律意见书等重要信息披露文件的必备内容以及披露时限、渠道要求等;建议监管部门进一步制定、发布更加细化的《公

开征集股东权利信息披露内容与格式准则》。就公开征集的操作流程来说,《公开征集上市公司股东权利管理暂行规定》已经明确了征集人提交备查文件及召集人核查的要求;规定了征集人不接受意见不一致委托,应征集对全部提案的表决意见,并严格按照授权代为行权;明确了提案权征集的范围、召集人将提案提交审议的要求;规定了撤销征集、撤销委托、重复委托等情形的处理安排;建议监管部门进一步总结实践操作中的经验与不足,充分听取投资者的意见和建议,不断优化流程,便于投资者操作。

(二)以信息披露的真实、准确、完整、及时为抓手,加强对公开征集活动的全流程监管,防止滥用公开征集,严厉追究公开征集活动中欺诈、误导、背信与操纵行为的法律责任

上述调查问卷显示,近六成机构担心征集投票权成为控制权之争的工具,近四成担心利用征集操纵股价。笔者推测,这种担心应是基于对我国公开征集活动实践过往不良印象的反映,如曾经发生的梅雁吉祥案、天神娱乐案等。①

因此,首先,应当把公开征集的信息披露义务主体,纳入2019年修订的《证券法》规定的"其他信息披露义务人",如同监管发行人、上市公司收购人等主体的信息披露那样,对其信息披露活动实施全流程监管,发现虚假、误导性陈述,及时采取执法行动。同时,应提供不认定为公开征集的"安全港条款",消除机构投资者就公司治理事项表达意见的担忧。比如,近期发生的中远海控案,该公司中小股东汇集联合3%股权向董事会提案,要求修改分红方案与实施股份回购。

其次,公开征集股东权利也可能成为上市公司控制权争夺的手段,这往往通过竞争性征集的方式体现。由于征集活动与上市公司收购活动交织,涉及的情形往往更加复杂。《公开征集上市公司股东权利管理暂行规定》没有涉及竞争性征集,未来应本着信息透明、防止滥用、监管中立的原则,完善相关规则。②

最后,2019年修订的《证法券》第90条第3款规定:"公开征集股东权利违反法律、行政法规或者国务院证券监督管理机构有关规定,导致上市公司或者其股东遭受损失的,应当依法承担赔偿责任。"该款从立法上确立了不当公开征集活动的民事赔偿责任,但是对于该款适用于侵权责任还是违约责任,归责原则、责任构成要件、具体

① 董新义:《论上市公司股东代理权征集滥用的规制——以新〈证券法〉第90条为对象》,载《财经法学》2020年第3期。

② 周冰:《上市公司表决代理权征集的制度探析与法律规制》,载蔡建春、卢文道主编:《证券法苑》第29卷,法律出版社2020年版。

适用情形如何,尚需要未来的司法解释或者判例加以厘清,避免其成为“休眠条款”。

(三)充分发挥投服中心在实施公开征集制度、监督与促进上市公司治理上的作用

上述调查问卷显示,超半数机构投资者愿意参与投服中心发起的公开征集股东权利,说明投服中心的影响力与公信力获得了机构投资者的普遍认可。2021年8月24日,投服中心公开介绍了首次启动公开征集股东权利的成功案例——中国宝安公司章程不当条款修改。这是2019年修订的《证券法》实施一年多来,投保机构公开征集股东权利的首个成功范例,并最终促成公司章程修改,被市场解读为我国上市公司治理的里程碑事件。这一案例依法、严谨的操作流程,也获得了市场人士与法律界人士的广泛肯定。

调查问卷显示,机构投资者不愿意参与投服中心发起的公开征集的主要原因,是投服中心公开征集的诉求与所在机构的诉求并不完全一致。基于公益性质,投服中心还是应当坚持聚焦于违反法律规定或者影响中小股东普遍权益的、带有一定“公共属性”的公司治理事件;一些机构投资者独特的公司治理诉求,应通过其自身的积极行动解决。

与通过监管者、司法者的他力救济相比,公开征集股东权利具有及时、贴近股东真实需求的特征。我国互联网发展具有后发优势,而且散户投资者已经习惯在互联网上交流投资信息,从事投资活动。在互联网条件下,股东之间进行意见交流与说明的成本比传统方式更低廉。因此,可以充分考虑通过互联网为我国中小股东提供征集股东权利的平台。目前,我国互联网上存在大量非官方、非正式的论坛,小股东经常在其中发表意见,表达不满。但由于这样的非官方平台缺乏正式的制度价值,散布其上的小股东诉求难以汇聚成为股东大会上的表达。[①] 另外,又极易沦为不法之徒散布、传播证券市场虚假信息,实施蛊惑交易与操纵市场的工具。

上述调查结果也显示,受访投资者认为,投服中心公开征集机构投资者股东权利需要做到“保持合理的沟通频率,建立有效的沟通机制”“拓宽信息渠道,信息披露充分,公开公正公平”“流程规范,易操作”等。因此,应当考虑为我国中小投资者设立准官方的、专门的网上征集平台,在征集人与被征集人之间建立起直接的沟通桥梁,并且便于小股东之间充分交流与交换意见。在该平台上,投资者可以动议共同提案,

① 张彬:《股东表决权征集规则的功能定位与制度构建——以上市公司中小股东保护为中心》,载陈洁主编:《商法界论集》第6卷,法律出版社2020年版。

也可以讨论某项提案的表决意向。鉴于类似"中远海控案"的情况以后还会出现，为了消除监管上的不确定性，走出灰色区域，由投服中心建立、维护与管理中小投资者实施公开征集活动的互联网平台，是必要与合适的。

五、简要结论

机构投资者的长足发展与多元化，是我国资本市场的一个显著现象，预计这种趋势会进一步拓展与深化。机构投资者在证券投资与上市公司治理领域，已经成为主流力量，预计未来会发挥越来越大的作用。如何引导、督促、指导机构投资者积极参与上市公司治理，尽职、尽责履行其信义义务与"看管"责任，同时进行适度规制，防止权利滥用、欺诈与误导，是一个需要不断深入研究与推进的课题。这一过程既需要证券监管不断完善"硬法"，划定"规矩"，也需要投资者保护机构、行业协会、证券交易所协同出台"软法"，借助市场约束与声誉机制奖优罚劣。既需要自上而下的"父爱关怀"，也需要机构投资者与其他市场参与者自下而上的自发性、自主性推动与示范。既需要借鉴参考其他法域的成熟、先进做法与最佳实践，更要充分考虑本土情况、借助本土资源和力量。既要有长远的政策目标与规划，又要分析与处理短期的问题与需要。本报告基于对机构投资者的调查问卷分析结果，从总体安排、机构投资者参与投票、征集股东权利三个方面，提出了初步、不成熟的建议，希望能为我国上市公司治理水平的提升与投资者权益保护作出点滴贡献。

投资者保护机构股东代位诉讼的主要程序障碍与应对建议

袁银平[*]

摘　要：在证券领域，普通投资者提起股东代位诉讼不仅资格受限，其意愿和能力亦不足。2019 年修订的《证券法》单独豁免了投资者保护机构这一特殊股东的持股比例和持股期限限制，强化了投资者保护机构的作用和地位。从有效推进诉讼的角度分析，必须解决股东代位诉讼的前置程序、起诉事由、管辖法院、诉讼调解以及与关联诉讼的衔接等一系列程序问题，才能落实好这一具有中国特色的创新性制度，促进公司治理结构改善，维护公司利益，保护投资者合法权益。

关键词：投资者保护机构　代位诉讼　前置程序　管辖　举证责任

2019 年修订的《中华人民共和国证券法》在第 94 条第 3 款明确了投保机构作为原告提起股东代位诉讼的资格，并放宽了相应的资格限制条件，回应了此前法学理论界和舆论界的呼吁，在法律层面为投保机构提起股东代位诉讼提供了正式法律依据。[①] 正确理解和适用这一条款，有效推动这一创新性的投资者保护制度落地实施，必须结合《民事诉讼法》《公司法》及其相关司法解释以及《九民会纪要》的相关规定，研究破解诉讼程序方面的障碍性因素。

一、关于前置程序

根据《公司法》第 151 条的规定，董事、高级管理人员有《公司法》第 149 条规定的

---

* 深圳市中级人民法院金融法庭庭长。

① 郭锋等：《中华人民共和国证券法制度精义与条文评注》(上册)，中国法制出版社 2020 年版，第 483 页。

情形的，有限责任公司的股东、股份有限公司连续180日以上单独或者合计持有公司1%以上股份的股东，可以书面请求监事会或者不设监事会的有限责任公司的监事向人民法院提起诉讼；监事有《公司法》第149条规定的情形的，前述股东可以书面请求董事会或者不设董事会的有限责任公司的执行董事向人民法院提起诉讼。监事会、不设监事会的有限责任公司的监事，或者董事会、执行董事收到股东书面请求后拒绝提起诉讼，或者自收到请求之日起30日内未提起诉讼，或者情况紧急、不立即提起诉讼将会使公司利益受到难以弥补的损害的，股东有权为了公司的利益以自己的名义直接向人民法院提起诉讼。上述规定对于普通的股东代位诉讼设置了前置程序，即股东应当首先书面请求监事会、董事会等以公司名义提起诉讼，而后在符合《公司法》第151条第2款规定的情形下才能以股东自己名义提起代位诉讼。

对投资者保护机构提起代位诉讼，是否仍需要履行上述前置程序，有三种不同认识：第一种观点认为，就股东代位诉讼而言，2019年修订的《证券法》的相关规定是新法、特别法，应当优先适用。2019年修订的《证券法》第94条第3款规定，发行人的董事、监事、高级管理人员执行公司职务时违反法律、行政法规或者公司章程的规定给公司造成损失，发行人的控股股东、实际控制人等侵犯公司合法权益给公司造成损失，投资者保护机构持有该公司股份的，可以为公司的利益以自己的名义向人民法院提起诉讼，持股比例和持股期限不受《公司法》规定的限制。根据该款规定，投保机构可以为公司的利益以自己的名义向人民法院提起诉讼，该款规定中并没有前置程序的表述，因此投保机构可以直接提起股东代位诉讼，不需要履行前置程序。第二种观点认为，应当区分不同情况，当投保机构向董事、监事、高级管理人员提起股东代位诉讼时，应当遵守《公司法》关于前置程序的规定，向控股股东、实际控制人等提起股东代位诉讼时，则不需要履行前置程序。第三种观点认为，投保机构提起股东代位诉讼，原则上均应当履行前置程序。主要理由是，股东代位诉讼只是作为公司内部监督失灵而设置的救济措施，故只能在用尽公司内部救济措施之后才能启动。[①] 投保机构仍是基于公司的请求权以股东的名义代位提起诉讼，与符合条件的其他普通股东代位诉讼并无实质区别，自然应当适用《公司法》关于前置程序的规定。

笔者认为，《公司法》关于股东代位诉讼前置程序的规定，一方面，是考虑毕竟股东代位行使的是公司的诉权，在可能的情况下还是应当竭尽公司内部救济程序；另一

① 最高人民法院民事审判第二庭：《〈全国法院民商事审判工作会议纪要〉理解与适用》，人民法院出版社2019年版，第210页。

方面,也是为了防止过度干预公司的正常经营活动,避免股东滥诉情况的发生,因此对有权提起股东代位诉讼的股东资格进行了限制。但《证券法》关于投保机构股东代位诉讼的规定,专门豁免了投保机构在持股比例和持股期限方面的限制,凸显了投保机构的特殊定位,因此有必要对投保机构股东代位诉讼的前置程序作重新考虑:一是基于股东代位诉讼的制度逻辑,考虑该类诉讼的“派生性”“代表性”,建议投保机构提起代位诉讼时以先履行前置程序为宜;二是基于前置程序设置的制度目的,考虑投保机构这一特殊主体的公益性质,建议将履行前置程序中的“书面请求”监事会、董事会等提起诉讼改为“书面建议”监事会、董事会等提起诉讼;三是基于法律落地实施的需要,考虑相关法律规范的可操作性,建议对包括投保机构在内的股东可以不经前置程序直接提起代位诉讼的特殊情形予以明确。笔者建议,此等情形既应包括情况紧急、不立即提起诉讼将会使公司利益受到难以弥补的损害的情形,如被告已办理移民手续即将离境等,也应包括公司董事会、监事会等有关机关根本不存在提起诉讼的可能性,应当豁免前置程序的情形等。

二、关于当事人

投保机构提起诉讼虽是为公司利益,但因是股东代位诉讼,故投保机构应以自己名义作为原告起诉,自无异议。但被告的范围,《公司法》第 151 条和《证券法》第 94 条在表述上存在差异。《公司法》第 151 条第 3 款规定,他人侵犯公司合法权益,给公司造成损失的,该条第 1 款规定的股东可以依照前两款的规定向人民法院提起诉讼。有学者认为,这里的“他人”应包括“其他任何人”。[①] 但《证券法》第 94 条第 3 款没有使用“他人”的概念,而是表述为“控股股东、实际控制人等”,此处虽有“等”字,能否理解为“其他任何人”,笔者认为,似不宜作过度的扩大解释。因此,在一般情况下,投保机构代位诉讼的被告,应是发行人的董事、监事、高级管理人员以及发行人的控股股东、实际控制人中的一人或数人。但在实践中仍会面临以下几个需要厘清的问题。

(一)公司的诉讼地位问题

根据《最高人民法院关于适用〈中华人民共和国公司法〉若干问题的规定(四)》[以下简称《公司法司法解释(四)》]第 24 条的规定,符合《公司法》第 151 条第 1 款

① 甘培忠:《论股东派生诉讼在中国的有效适用》,载《北京大学学报(哲学社会科学版)》2002 年第 5 期。

规定条件的股东,依据《公司法》第 151 条第 2 款、第 3 款规定,直接对董事、监事、高级管理人员或者他人提起诉讼的,应当列公司为第三人参加诉讼。第三人,是指对原告、被告所争议的诉讼标的认为有独立请求权,或者虽然没有独立请求权,但案件的处理结果与其有法律上的利害关系,从而参加正在进行的诉讼中的人。在包括投保机构在内的股东提起的代位诉讼中,对于公司是有独立请求权的第三人,还是无独立请求权的第三人,存有争议。

有独立请求权的第三人,一般是以提起诉讼的方式参加正在进行的诉讼,而在股东代位诉讼中,正是基于公司怠于甚至拒绝行使诉权,股东才不得不以自己名义提起诉讼。而且,本诉中原告撤回起诉的,有独立请求权的第三人可以作为另案的原告,原案中的原告和被告作为另案被告,继续另案诉讼。① 在股东代位诉讼中,虽然公司作为第三人对原告、被告讼争标的在法律上有独立请求权,但其请求权的范围是覆盖作为原告的股东的请求权的,二者并非并列或者对立关系,而是包容甚至存在重合关系,因此在股东作为原告撤诉后,另案诉讼中公司也不可能或者不应当将股东作为被告起诉。

无独立请求权的第三人,可以申请或者由人民法院通知参加诉讼。在股东代位诉讼中,通常是由人民法院通知公司作为第三人参加诉讼。但在此种情况下,公司是否就是无独立请求权的第三人呢？股东代位诉讼制度设置的基础在于股东本身没有诉权而公司有诉权却基于种种原因拒绝或者怠于诉讼,因此股东代位诉讼中公司的诉权是“被”股东行使。公司虽然作为第三人参加诉讼,但事实上公司才是“实质原告”,胜诉利益亦归属公司,似乎也难以得出公司无独立请求权的结论。不论理论还是实践中,都还可能出现作为第三人的公司不认同或者不完全认同作为原告的股东提出的诉讼请求,甚至支持被告抗辩意见的情况。

综上,包括投保机构在内的股东提起的代位诉讼中,公司作为第三人参加诉讼的权利义务,不能简单地以诉讼法上关于第三人的理论来生硬解释。笔者认为,应当承认公司有独立请求权,但鉴于股东代位诉讼的制度目的,在股东已经提起代位诉讼,公司提起诉讼的权利已经被代位行使的情况下,亦不能允许公司放弃、变更被代位提出的诉讼请求,更不能允许公司申请撤诉。即使实践中公司仍拒绝参加代位诉讼,亦不影响案件的审理和判决。

---

① 吴兆祥:《民商事办案全典》,中国法制出版社 2017 年版,第 969 页。

(二)其他股东提起代位诉讼的问题

《公司法司法解释(四)》第 24 条第 2 款规定,一审辩论终结前,符合《公司法》第 151 条第 1 款规定条件的其他股东,以相同的诉讼请求申请参加诉讼的,应当列为共同原告。在投保机构提起的代位诉讼中,如果有其他符合条件的股东亦提起代位诉讼,或者申请参加已经开始的代位诉讼,按照前述司法解释的规定,应当将符合条件的其他股东与投保机构列为共同原告,作并案处理。但问题在于,当其他股东的诉讼请求与投保机构的诉讼请求并不完全一致,或者其他股东起诉的被告与投保机构起诉的被告并不完全一致时,还能否并案处理?笔者认为,从方便诉讼以及尽可能一次性解决纠纷的角度考虑,法院应当充分行使释明权,促使各原告的诉讼请求趋同,所诉被告也趋于一致。投保机构亦可以发挥作用,主动与其他股东协商达成一致。如经法院释明或经各原告协商,仍不能达成一致,笔者认为,法院从保障各原告诉讼权利的角度出发,应尊重各原告的选择,但不影响案件继续作并案处理。

(三)股东代位诉讼中公司提起诉讼的问题

根据《公司法》第 151 条第 2 款之规定,情况紧急、不立即提起诉讼将会使公司利益受到难以弥补的损害的,符合条件的股东有权为了公司的利益以自己的名义直接向人民法院提起诉讼。此时,存在包括投保机构在内的股东和公司分别起诉的可能。如公司起诉在先,基于股东代位诉讼的特殊性,法院不应再受理股东的起诉;如公司与股东同时起诉,应引导股东撤回起诉;如股东起诉在先,公司起诉在后,法院亦可引导股东撤回起诉而由公司作为原告参加诉讼;在先起诉的股东坚持不撤诉的,可将后诉的公司列为第三人。

但是,在多数情况下,包括投保机构在内的股东之所以提起代位诉讼,原因正在于公司拒绝或者怠于诉讼。在投保机构提起代位诉讼后,之前拒绝或者怠于诉讼的公司还能否以自己名义提起诉讼,不无争议。有观点认为,包括投保机构在内的股东提起代位诉讼,并不意味着公司丧失诉权,实际上股东行使的仍是公司的诉权,因此,即便股东提起了代位诉讼,公司以自己名义提起诉讼的权利也不能被剥夺。在投保机构提起股东代位诉讼后公司又以自己名义起诉的,可以合并审理。也有观点认为,在投保机构已经提起代位诉讼的情况下,不应允许公司再提起诉讼。除非投保机构撤诉,公司才能以原告身份再行起诉。从纠纷化解的实务出发,笔者同意后一种观点,主要理由有四:一是在投保机构股东代位诉讼中,投保机构是以自己名义代表公司提起诉讼,行使的是公司的请求权,判决的利益也全部归于公司。在此种情况下,公司再以自己名义提起诉讼,事实上构成重复起诉。二是如果公司提起诉讼后投保机构撤回代位诉讼,不排除公司亦撤回起诉的可能,进而导致投保机构代位诉讼的目的落空。三是如果允许行使代位权的股东和公司成为共同原告,不仅不符合代位诉讼的诉讼构造理论,也会导致不同原告之间诉求不一,被告对股东的反诉、对公司的反诉互相交织,法律关系复杂,人为增加案件处理难度。四是代位诉讼中公司已作为第三人参加诉讼,诉讼权利能够得到保障。综上,笔者认为,投保机构履行前置程序并提起代位诉讼后,法院不应再受理公司提起的诉讼。

三、关于起诉事由

投保机构提起股东代位诉讼的事由,在 2019 年修订的《证券法》第 94 条第 3 款中表述为两种情形:一是发行人的董事、监事、高级管理人员执行公司职务时违反法律、行政法规或者公司章程的规定给公司造成损失;二是发行人的控股股东、实际控制人等侵犯公司合法权益给公司造成损失。简单表述,投保机构提起股东代位诉讼的诉讼事由,就是董监高或者控股股东、实控人给公司造成损失。理解这里的"给公司造成损失",在实践中需要先解决以下两个问题。

(一)给公司造成的损失是否需要经过在先的诉讼或者仲裁确认?

董监高或者控股股东、实控人给公司造成损失的具体情形千差万别,例如,有的是挪用公司资金;有的违反公司章程的规定,未经股东会、股东大会或者董事会同意,将公司资金借贷给他人或者以公司财产为他人提供担保;有的进行关联交易损害公司利益;等等。实践中,需要区分不同情形,分析给公司造成的损失是否需要经过在先的诉讼或者仲裁确认。对于能够直接确认的损失,如挪用公司资金未还,投保机构提起代位诉讼时可以直接以挪用的资金数额加上相应的资金占用费用,诉请被告赔偿公司所遭受的损失,在此种情况下,当然不需要再依赖先行的诉讼或者仲裁途径来确定公司的损失。但在有些情况下,董监高或者控股股东、实控人的行为是否会给公司造成实际损失仍处于待定状态,投保机构提起股东代位诉讼,即需要一定的先决条件。

以证券虚假陈述责任纠纷为例,因董监高违反法律、行政法规等虚假陈述行为,导致上市公司受到行政处罚或与董监高一并受到行政处罚的情形并不鲜见。在此种情况下,包括投保机构在内的股东是否可以要求公司提起损害公司利益责任纠纷之诉?或者在履行前置程序后提起代位诉讼?笔者认为,因董监高的违法违规行为给公司造成的损失,既包括直接的显性损失,也包括间接的隐性损失。比如,在证券虚假陈述情形下,公司的损失既包括对投资者的经济赔偿,也可能包括因虚假陈述带来的商业信誉损失、商业机会流失等。间接的隐性损失在实践中很难估算,通过诉讼、仲裁等途径能够解决的只有直接损失,而且主张董监高等直接责任人员承担损失的数额必须是现实的、确定的,而不能是或然性的。毕竟,也有部分投资者放弃了向公司追索损失的权利。因此,在投保机构提起代位诉讼时,公司所遭受的直接损失应当由在先的诉讼、仲裁确定。当然,也可以包括在先的调解解决方案。

再以公司关联交易损害责任纠纷为例,关联交易本是一个中性概念,它有可能通过关联企业内部的资源整合降低交易成本,但控股股东也有可能通过利润操纵行为掏空公司资产。在实践中,如果上市公司对控股股东的关联交易未予披露,且存在不公允对价,不仅会给公司造成损失,事实上也会给中小投资者造成损失。给公司造成的实际损失数额,可能会通过不同的计算方法,如可比非受控价格法、再销售价格法、成本加成法、交易净利润法等,得出一个相对确定的数额。投保机构提起代位诉讼时,可以自行选择方法,再提供初步证据证明即可。但对于可能存在的中小投资者主张上市公司承担证券虚假陈述侵权责任所导致的公司损失,仍然需要如前所述,通过在先的诉讼、仲裁确定。当然,投保机构也可以单独先就前一部分的损失提起代位诉讼,待后一部分损失通过在先的诉讼或者仲裁确定后,再行提起代位诉讼。

(二)公司因对外担责所造成的损失是否必须是已经履行到位的损失?

对于类似挪用公司资金等损害公司利益的行为,该类违规行为的完成必然会给公司带来实际的损失。但一般来讲,生效的法院判决和仲裁裁决,在未自动履行情况下,仍然需要权利人主动申请强制执行,因此,理论上存在权利人放弃要求公司履行义务的可能性。也就是说,在公司未履行其对外的赔偿义务时,公司的损失仍具有或然性。只有公司兑现了其赔偿义务,才能对董监高或控股股东、实控人等提起诉讼,也才会有股东代位诉讼。但是,也应有特殊情况下的特殊考虑。比如,在公司面临数额巨大的赔偿时,如果要求公司先行履行赔偿义务,可能使公司面临退市风险甚至破产可能;如果允许公司提起诉讼或者股东代位诉讼,可以避免前述情况,是否可以考虑灵活处理呢?这是一个值得商讨的问题。

四、关于举证责任分配

实践中，普通的股东代位诉讼机制，特别是针对上市公司的股东代位诉讼机制，远未发挥应有作用，既有诉讼门槛限制、普通股东诉讼意愿普遍不强、诉讼成本和诉讼收益不匹配等原因外，很重要的一方面还在于，普通股东诉讼能力明显处于弱势，相关的诉讼证据收集困难。与公司或者公司管理层、控股股东、实控人等掌握大量资料形成鲜明对比的是，普通股东所获取的证据资料通常非常零散，难以形成完整的证据链条。与此同时，若管理层或控股股东、实控人确有掏空公司的情形，考虑到管理层或控股股东、实控人对公司的控制能力，期待公司配合提供相关证据亦不现实。因此，股东代位诉讼中的股东往往难以提供足够的证据证明其诉讼请求，最终也很难得到法院的支持。

2019 年修订的《证券法》明确了投保机构在股东代位诉讼中作为原告的法律地位，其目的之一应是期望通过投保机构提起的股东代位诉讼，发挥示范效应，激活普通的股东代位诉讼制度，进而促进公司完善治理结构，规范组织和行为，保护公司、股东和债权人的合法权益。客观而言，投保机构作为专业中立的公益性投资者保护组织，诉讼能力、专业经验、资源保障等方面都有较大优势。但在民事诉讼中，作为原告的投保机构与作为被告的其他当事人在法律地位上是平等的。基于民事诉讼的辩论主义原则，作为裁判基础的案件事实主要依赖于当事人提供的证据进行证明。当事人对于其主张的于己有利的事实，有义务进行举证证明，未提出相应证据证明的一方将承担相应的不利后果。这既是法律、司法解释的规定，也是“谁主张，谁举证”原则的题中应有之义。[①] 因此，普通的股东代位诉讼中普通股东遇到的诉讼能力不足问题虽因投保机构更强的专业能力而得以解决，但投保机构一样会面临棘手的举证难题。鉴于我国《公司法》《证券法》均未就股东代位诉讼举证责任问题作出特别规定，建议投保机构提起股东代位诉讼时，应立足现有法律和司法解释的规定，区分不同情形，选择不同的诉讼策略。有些案件的证据通过在先的诉讼或仲裁，已经得到法院的确认，自然可以在股东代位诉讼中免除举证责任。也有些案件，仍然需要作为原告的投保机构在代位诉讼中提供关键、实质的证据，才能支撑己方的诉讼请求；在举证遇到

---

① 最高人民法院民事审判第一庭编著:《最高人民法院新民事诉讼证据规定理解与适用》(上)，人民法院出版社 2019 年版，第 434 页。

困难时,应在遵循法律和司法解释精神的前提下拓展获取证据的范围、积极推进获取证据的进程。

一是投保机构自身应优化举证措施,拓展证据来源。根据《公司法》第 97 条的规定,股东有权查阅公司章程、股东名册、公司债券存根、股东大会会议记录、董事会会议决议、监事会会议决议、财务会计报告,对公司的经营提出建议或者质询。投保机构作为公司股东,可以通过积极行使上述权利,了解、掌握并获取相应的证据材料。此外,公司在收到投保机构的起诉请求后,若不提起诉讼,投保机构可以要求公司以书面方式回复,说明公司进行相关调查的内容,以及对有关管理层或控股股东、实控人不提起诉讼的理由及相关证据等。虽然我国目前尚未建立类似日本的"不提诉理由通知制度",不能强制性要求公司给予书面的回复,但投保机构在实践中仍然可以尝试要求公司提供书面回复,以拓宽取证途径。必要时,投保机构可以通过向社会公示的形式,给相关公司施加一定的舆论压力。

二是投保机构在代位诉讼中可以通过法院责令第三人也就是公司配合提供证据。根据《公司法司法解释(四)》第 24 条的规定,股东提起代位诉讼,应当列公司为第三人参加诉讼。这一规定的主要目的之一,就是让本应作为原告的公司一并参加诉讼,更有利于查明案件事实。在投保机构代位诉讼这样一种特殊类型的诉讼中,实体法律关系居于优势地位的被告及第三人往往对于证据拥有更大的控制权,在其不将控制的相关证据提交法院的情况下,不仅会导致对待证事实承担举证责任的投保机构处于非常不利的地位,也会导致法院依据现有证据查明的事实因此与客观事实存在较大差距,从而损害裁判的正当性,影响实质正义的实现。公司已经作为第三人参加到代位诉讼中来,投保机构的诉讼目的又是维护公司利益,因此有理由在诉讼中主张公司配合提供相关证据。公司不提供的,投保机构可以请求法院责令公司配合提供。

三是投保机构可以申请"书证提出命令"。虽然在我国《民事诉讼法》中未明确规定"书证提出命令",但《最高人民法院关于适用〈中华人民共和国民事诉讼法〉的解释》(以下简称《民事诉讼法司法解释》)第 121 条规定,书证在对方当事人控制之下的,承担举证证明责任的当事人可以在举证期限届满前书面申请人民法院责令对方当事人提交。申请理由成立的,人民法院应当责令对方当事人提交,因提交书证产生的费用,由申请人负担。对方当事人无正当理由拒不提交的,人民法院可以认定申请人所主张的书证内容为真实。《最高人民法院关于民事诉讼证据的若干规定》(以下简称《民事诉讼证据规定》）第47条也规定，下列情形下控制书证的当事人应当提交书证：(1)控制书证的当事人在诉讼中曾经引用过的书证；(2)为对方当事人的利益制作的书证；(3)对方当事人依照法律规定有权查阅、获取的书证；(4)账簿、记账原始凭证；(5)人民法院认为应当提交书证的其他情形。《民事诉讼证据规定》第48条还规定，控制书证的当事人无正当理由拒不提交书证的，人民法院可以认定对方当事人所主张的书证内容为真实。在投保机构提起的股东代位诉讼中，基于投保机构的股东身份和公司法上的股东权利，以及对方当事人控制书证的常态，投保机构应根据举证需要，积极行使这一权利，以扩展调查收集证据的手段，排除在证据调查收集过程中的障碍，提升自身举证能力。

四是投保机构可以在诉讼中申请法院调查取证。投保机构之所以提起股东代位诉讼，其原因往往正是公司拒绝或怠于行使诉讼权利。因此，投保机构提起代位诉讼之后，即使如前所述，法院可以责令公司配合提供相关证据，也难言公司能够完全积极配合。因此，某些特定情况下法院依职权调取证据，仍有必要。《民事诉讼证据规定》第2条第2款规定，当事人因客观原因不能自行收集的证据，可申请人民法院调查收集。《民事诉讼法司法解释》第94条规定，当事人及其诉讼代理人因客观原因不能自行收集的证据包括：(1)证据由国家有关部门保存，当事人及其诉讼代理人无权查阅调取的；(2)涉及国家秘密、商业秘密或者个人隐私的；(3)当事人及其诉讼代理人因客观原因不能自行收集的其他证据。投保机构在代位诉讼中，出现上述因客观原因不能自行收集证据的情形的，应当在举证期限届满前提交书面申请，载明被调查人的姓名或者单位名称、住所地等基本情况，所要调查收集的证据名称或者内容，需要由人民法院调查收集证据的原因及其要证明的事实以及明确的线索，申请人民法院调查收集相关证据。

五、关于管辖法院

(一)关于地域管辖问题

根据《民事诉讼法》第26条的规定，因公司设立、确认股东资格、分配利润、解散等纠纷提起的诉讼，由公司住所地人民法院管辖。《民事诉讼法司法解释》第22条规定，因股东名册记载、请求变更公司登记、股东知情权、公司决议、公司合并、公司分立、公司减资、公司增资等纠纷提起的诉讼，依照《民事诉讼法》第26条规定确定管辖。这其中,均未明确损害公司利益责任纠纷的地域管辖问题,自然也导致股东代位诉讼的地域管辖面临选择问题。投保机构提起的股东代位诉讼,如适用一般地域管辖的规定,则按照《民事诉讼法》第21条之规定,通俗讲就是原告就被告。[①] 鉴于一个案件中可能存在多个被告的可能性,投保机构、其他符合条件的股东分别向不同被告提起代位诉讼的可能性,以及该类诉讼中公司应当作为第三人参加诉讼的规定,笔者建议,从诉讼便利经济的角度考虑,可以将该类案件统一明确由公司住所地法院管辖。

(二)关于级别管辖问题

以证券虚假陈述民事赔偿案件为例,按照最高人民法院相关司法解释的规定,该类案件由省、自治区、直辖市人民政府所在的市、计划单列市和经济特区中级人民法院管辖。如果在先诉讼的证券虚假陈述民事判决明确了公司和董监高等人的责任比例,公司先行承担责任后再向董监高个人进行追偿或者由股东提起代位诉讼进行追偿,此时由公司住所地基层法院受理也是可行方案。但如果在先诉讼的证券虚假陈述民事案件判决公司和董监高负全部连带责任,未区分责任比例,或者在先的案件中投资者仅起诉了公司,并未起诉董监高等人,受理法院不仅会面临要在案件审理中审查判断各责任主体对于虚假陈述行为的责任大小问题,也会面临与前述有管辖权的中级人民法院后续受理相关案件裁判结果的协调问题。

因此,综合以上两个方面的因素,笔者建议可将股东代位诉讼作为一种衍生诉讼考虑。对于投保机构提起的股东代位诉讼,根据在先判决的具体情况,分别由有管辖权的相关中级人民法院管辖,或者由公司住所地基层人民法院管辖。

六、关于调解

《九民纪要》中关于"股东代表诉讼的调解"明确:"公司是股东代表诉讼的最终受益人,为避免因原告股东与被告通过调解损害公司利益,人民法院应当审查调解协议是否为公司的意思。只有在调解协议经公司股东(大)会、董事会决议通过后,人民法院才能出具调解书予以确认。至于具体决议机关,取决于公司章程的规定。公司

① 《民事诉讼法》第21条规定:"对公民提起的民事诉讼,由被告住所地人民法院管辖;被告住所地与经常居住地不一致的,由经常居住地人民法院管辖。对法人或者其他组织提起的民事诉讼,由被告住所地人民法院管辖。同一诉讼的几个被告住所地、经常居住地在两个以上人民法院辖区的,各该人民法院都有管辖权。"

章程没有规定的,人民法院应当认定公司股东(大)会为决议机关。”从上述规定可见,股东代表诉讼虽然允许调解,但这种调解带有一定的限制性,以防止调解损害公司或其他股东的利益。[①] 投保机构作为原告提起的股东代位诉讼,在调解程序中可能面临两个现实问题:

(一)调解协议如何提交公司机关决议

股东代位诉讼中,作为原告的投保机构与被告达成调解协议,如果按照公司章程规定,调解协议应当经公司董事会同意,从而启动召开董事会成为确认调解协议效力的关键一环。如果公司章程规定调解协议应当经股东大会同意,或者没有规定对调解协议决议的机关,则启动召开股东大会成为确认调解协议效力的关键环节。根据《公司法》相关规定,董事会由董事长召集和主持;股东大会会议由董事会召集,董事长主持;董事会不能履行或者不履行召集股东大会会议职责的,监事会应当及时召集和主持。现实在于,通常情况下,投保机构之所以提起代位诉讼正是公司董事会、监事会拒绝诉讼或怠于诉讼的结果。因此,在董事会、监事会对诉讼持消极态度时,寄希望于其积极配合召集董事会、股东大会对调解协议进行表决,现实中不无难度。当然《公司法》也规定了董事长、董事会、监事会不履行召集会议职责时的救济途径,2019 年修订的《证券法》第 90 条还赋予投保机构公开征集代理股东行使提案权、表决权等股东权利,客观而言,通过这些救济途径均需要相当长的时间周期。对于一个诉讼案件来说,诉讼效率也是体现司法公正的重要方面。调解结案还是判决结案,只是法院解决矛盾纠纷的不同方式。实践中,不排除被告以拖延诉讼为目的与原告达成调解协议后,又在后续的公司有权决议机关通过该调解协议时制造障碍。因此,基于股东代位诉讼的特殊性以及该类诉讼中确认调解协议的特殊程序,是否以调解方式结案,既需要法院予以考虑,更需要作为原告的投保机构慎重抉择。至少对于法院来说,股东代位诉讼虽为允许调解的民事案件,但法院不应过度追求调解方式结案的结果。

(二)如何把握特殊情形下公司的意思

例如,按照公司章程规定,调解协议应当经公司董事会同意。但如果董事会成员中多人甚至半数以上均是被告,将调解协议提交董事会表决是否还符合正当程序?如果董事会决议根本不可能否决调解协议内容,仅是一种“批准”调解协议的形式,必

---

① 最高人民法院民事审判第二庭:《〈全国法院民商事审判工作会议纪要〉理解与适用》,人民法院出版社 2019 年版,第 222 页。

然会引发对董事会决议合法性的质疑。笔者认为,在此种情况下,投保机构应慎重考虑是否调解的问题。在投保机构与被告达成了调解协议的情况下,如果董事会成员中半数以上为被告,即使按照公司章程规定调解协议经公司董事会通过即可,法院也应作严格审查。必要时,应建议由股东大会通过决议为宜。

七、关于与在先诉讼的衔接

包括投保机构在内的股东提起代位诉讼的意义,主要在于纠正董监高和控股股东、实控人违法违规侵犯公司利益或者由于侵权而由公司对外承担民事赔偿责任的一种不合理、不公平的做法,进而有助于从根本上遏制证券市场各种违法乱象。仍以证券虚假陈述为例,2019 年修订的《证券法》第 85 条完善了虚假陈述民事责任的规定,明确上市公司具有虚假陈述违法行为时,其控股股东、实控人与董监高在不能证明自己没有过错的情形下,应当与发行人承担连带责任。换言之,在证券虚假陈述民事赔偿诉讼中,投资者既可以向连带责任中的一人、数人,也可以向全部责任人请求赔偿。如果投资者直接向董监高或者控股股东、实控人要求赔偿,就不会发生后续的股东代位诉讼问题。但对于中小投资者来说,从诉讼效益考虑,绝大多数情况下还是会选择上市公司作为被告甚至唯一被告。即便是将董监高或者控股股东、实控人与上市公司作为共同被告,也很可能在案件的调解或者和解过程中,以放弃追究董监高等个人责任为条件来换取上市公司同意对投资者更有利的调解或和解方案。

如何把在先诉讼中的“追首恶”制度与后续的代位诉讼制度有机衔接,发挥诉讼合力、节约司法资源,是有必要考虑的一个现实问题。投保机构在代位诉讼中虽然属于股东身份,但考虑其公益性质,笔者认为,投保机构在相关案件中有责任,也有能力更好发挥作用:一是投保机构可以通过支持诉讼或者特别代表人诉讼方式,在诉讼中将董监高或者控股股东、实控人列为第一被告或者位次在前的被告,要求上述个人首先承担赔偿责任;二是尽可能通过在先诉讼明确董监高或者控股股东、实控人的责任比例,减少后续代位诉讼的诉讼难度;三是在先诉讼中申请财产保全的,尽可能优先申请查扣直接责任人的个人财产,申请执行时先行申请执行直接责任人的个人财产,切实减少公司“代为”担责后再行诉讼甚至代位诉讼才能落实“首恶”责任的情形。

此外,还有必要厘清的一个问题是,根据《公司法》第 152 条的规定,“董事、高级管理人员违反法律、行政法规或者公司章程的规定,损害股东利益的,股东可以向人民法院提起诉讼”。诸多损害公司利益的行为,可能也会同时损害股东利益,例如,公司本应用于分配的资金因被控股股东滥用关联关系隐藏或转移,不仅会直接损害公司利益,也会损害控股股东之外其他股东的利益。此种情况下,个别股东提起了损害股东利益责任纠纷的直接诉讼,投保机构提起了损害公司利益责任纠纷或者公司关联交易损害责任纠纷的代位诉讼,就必须考虑不同诉讼请求的协调问题。代位诉讼,所获赔偿直接支付给公司,所有的股东都能平等地按照所持股份比例间接获得利益;股东直接诉讼,所获赔偿直接支付给提起诉讼的股东。如果出现前述的控股股东将公司本应用于分配的资金通过关联关系隐藏或转移的情形,单一股东的直接诉讼并不能彻底解决问题,甚至会引发不同股东能否公平获得赔偿的问题,而公司提起诉讼或者由投保机构提起代位诉讼,则可以有效地避免上述问题。因此,从司法的角度讲,上述情形不应鼓励单一股东提起个别的直接诉讼,受损股东可以作为共同原告,或者由法院在诉讼中追加其他受损股东作为有独立请求权的第三人参加诉讼,一次性解决问题。但如果个别股东提起的直接诉讼已经获得了赔偿支付,后续投保机构提起代位诉讼时所主张的赔偿金额应当扣减被告已支付的部分,代位诉讼所获得的赔偿应当计作其他未获得赔偿的股东的权益。

康美药业证券集体诉讼案简评及展开

黄江东[*]　施　蕾[**]

摘　要：全国首例证券集体诉讼民事赔偿案件一审判决已作出。康美药业财务造假案影响恶劣、严重损害投资者利益，选择其作为首例集体诉讼案有着示范意义。巨额民事赔偿的落地执行有待监管部门、司法机关、投保机构等多方合力。康美药业案对多元化纠纷解决机制的形成及独立董事责任的重塑提出新的挑战。

关键词：康美药业　集体诉讼　民事赔偿

2021年11月12日，广州市中级人民法院（以下简称广州中院）对全国首例证券集体诉讼案件作出一审判决，责令康美药业股份有限公司（以下简称康美药业或公司）因虚假陈述侵权赔偿证券投资者损失24.59亿元，公司原董事长、实控人马某田及5名直接责任人员、广东正中珠江会计师事务所（以下简称正中珠江）及直接责任人员承担全部连带赔偿责任，公司13名相关责任人员按过错程度承担部分连带赔偿责任（以下简称康美药业案或本案）。[①] 康美药业案是2019年修订的《证券法》实施以来，首例按照第95条第3款[②]提起的特别代表人诉讼，是由中证中小投资者服务中心（以下简称投服中心）作为代表人起诉的第一例案件，更是迄今为止法院审理的原告人数最多、赔偿金额最高的上市公司虚假陈述民事赔偿案件。

康美药业案判决一经发布，犹如在资本市场投放了一枚"原子弹"，近25亿元的

---

*　国浩律师（上海）事务所资深顾问。

**　国浩律师（上海）事务所律师。

①　广东省广州市中级人民法院民事判决书，（2021）粤01民初2171号。

②　《证券法》（2019年修订）第95条第3款规定："投资者保护机构受五十名以上投资者委托，可以作为代表人参加诉讼，并为经证券登记结算机构确认的权利人依照前款规定向人民法院登记，但投资者明确表示不愿意参加该诉讼的除外。"

巨额民事赔偿以及相关责任人的巨额连带责任,立即成为各界热议焦点,引起广泛关注,堪称我国资本市场注册制推进过程中具有里程碑意义的标志性案件。本案是“零容忍”执法态度的重要体现。财务造假一直是资本市场的“毒瘤”,严重损害了广大投资者的合法权益。本案中,执法及司法机关从严从快从重查办处置,体现了2019年修订的《证券法》实施后党中央国务院对资本市场违法犯罪行为“零容忍”的精神和要求,是“追首恶”监管理念的具体落实。本案将上市公司实控人和负有直接责任的中介机构作为连带赔偿责任主体,一纸判决足以让“首恶”赔得倾家荡产,无疑将对操控上市公司进行违法犯罪活动的“为恶者们”产生强大的震慑效果,该案是“建制度”治理方式的有益完善。康美药业案落地,使2019年修订的《证券法》创设的证券集体诉讼制度从纸面走向实践,进一步丰富了行政执法、民事追偿和刑事惩戒相互衔接的“立体化”追责体系,为全面深化资本市场改革提供了强有力的执法和司法保障。本文拟就康美药业案本身及其衍生的相关法律问题展开探讨。

一、康美药业案民事赔偿责任之重前所未有

(一)原告人数之多前所未有

因连续多年在年报和半年报中存在虚假记载和重大遗漏,康美药业和21名责任人、负责康美药业财务审计的正中珠江及其责任人员相继被中国证监会作出行政处罚。2021年4月8日,投服中心接受56名证券投资者的特别授权,向广州中院申请作为代表人参加诉讼。4月16日,广州中院发布公告称,康美药业案由普通代表人诉讼转为特别代表人诉讼,经最高人民法院指定管辖,广州中院适用特别代表人诉讼程序审理本案,[①]康美药业案正式成为证券集体诉讼第一案。

集体诉讼启动后,凡是自2017年4月20日起至2018年10月15日期间以公开竞价方式买入、于2018年10月15日闭市后仍持有康美药业股票,并因虚假陈述受到损失的投资者,均在索赔权利人范围之内,符合该范围的投资者按照“明示退出、默认加入”的原则参与集体诉讼,即经证券登记结算机构确认的权利人名单中的投资者,除明确向法院提交书面声明表示退出该诉讼的,都将成为本案原告。投服中心最终代表的原告投资者人数占康美药业股东比例近两成,超过5.5万名,堪称历史之最,

① 广东省广州市中级人民法院特别代表人诉讼权利登记公告,(2020)粤01民初2171号。

原告人数众多也成为本案总赔付金额近 25 亿元的直接原因。

(二)上市公司及其实控人民事赔偿之重前所未有

证券虚假陈述民事赔偿诉讼绝大多数采取单独诉讼、共同诉讼或示范判决的方式。总体而言,属于"单打独斗"式诉讼。在此类案件中,囿于维权成本高、举证难度大等问题,投资者的诉讼积极性并不高,而真正提起诉讼的,获赔率也不乐观。曾有研究表明,投资者起诉要求获得偿付的金额与法院判决的赔偿金额之间的差距较大,索赔总金额普遍不高。[①] 当然,以往也曾出现过索赔金额过亿元的大案,如东方电子案、大智慧案、佛山照明案、尔康制药案等,但尚未有过上市公司及其实控人赔付金额超过 10 亿元的民事案件。

康美药业案近 25 亿元的赔偿可谓历史级重罚。康美药业作为上市公司,承担 24.59 亿元的赔偿责任;公司实际控制人马某田夫妇组织策划实施财务造假,属故意行为,承担 100% 的连带赔偿责任。本案中,集体诉讼"积沙成塔"的赔付效应展现无遗,实现了让"首恶"承担应有责任之目的,有利于强化对资本市场违法作恶者的惩罚和震慑。

(三)公司董监高连带赔偿责任之重前所未有

本案判决中,广州中院对康美药业董监高的赔偿责任进行了区分,积极组织策划、参与实施造假行为的高管对 24.59 亿元承担 100% 连带赔偿责任;另有 13 名董事、高管虽未直接参与造假,但因未勤勉尽责、存在过失,按照过错程度承担部分赔偿责任。巨额民事赔偿对整个上市公司的管理层,尤其是独立董事行业震撼极大,集体诉讼制度下,上市公司董监高所将承担的民事责任已被无限放大。

从表面上看,董监高的民事责任与其在公司领取的薪酬极不匹配。但究其本质,该等巨额赔偿对应的是上市公司董监高的勤勉尽责义务。董监高是上市公司的管理者、监督者,其在推动上市公司合规经营、保障广大投资者权益上发挥着至关重要的作用,若其履职不当或丧失职责本位,甚至沦为上市公司违法违规的"帮凶",现有的"立体化"追责体系必当让其付出惨痛的代价,上市公司董监高的勤勉尽责义务已难以仅仅用金钱进行衡量了。

(四)会计师事务所及责任人员连带赔偿责任之重前所未有

此次与康美药业一起被放在聚光灯下检视的,还有中介机构。以往虚假陈述民

---

① 参见鲍彩慧:《证券虚假陈述民事赔偿因果关系的规则再述——基于 806 份判决书的实证分析》,载黄红元、卢文道主编:《证券法苑》第 23 卷,法律出版社 2017 年版,第 439 ~463 页。

事案件中，中介机构责任界限及连带责任比例一直有些争议，有的法院判决中介机构按照一定比例承担连带责任，有的则判决承担全部连带责任。会计师事务所承担100%连带责任的案例不少，如金亚科技案、华泽钴镍案等，但以往中介机构承担的赔偿金额总体相对较低，冲击相对较小。在康美药业案中，正中珠江前期已收到5700万元的行政处罚罚单，再加上此次对24.59亿元的民事赔偿承担100%连带责任，正中珠江及其责任人员在财务和声誉上都将遭受史无前例的重创。

近年来，为激活中介机构作为证券市场“看门人”的作用，证券执法与司法机关不断压实中介机构的责任。如全国首例债券虚假陈述集体诉讼判决五洋债案中，包括德邦证券在内的4家中介机构承担连带赔偿责任。康美药业案的一审判决，再次为中国资本市场的“看门人”念响了“紧箍咒”。作为注册制推行的重要环节，中介机构应当切实履行好降低信息不对称和加强监督职能的“看门人”的职责，不能为了短期利益而不顾勤勉尽责义务，甚至“帮忙”掩饰问题，让公司带“病”上市、带“病”运营。在证券市场虚假陈述案件中，未履行勤勉尽职义务的中介机构无疑需要与上市公司一同向投资者承担连带赔偿责任。

二、为何选择康美药业——集体诉讼对象选取的合理性

2019年修订的《证券法》确立证券集体诉讼制度至今已逾一年半，期间仅有康美药业案这唯一一起集体诉讼案件，本文认为，其中很大原因在于投服中心选案时面临极大的“选择困难”。基于现有诉讼制度，集体诉讼案件的选定权掌握在投服中心手中，但鉴于集体诉讼对当事人及整个市场的巨大影响，投服中心在选案时无疑是极其审慎的。但是，正如我们现在了解到的，康美药业从2016年至2018年连续3年有预谋、有组织、系统性实施财务造假约300亿元，涉案金额巨大、造假时间极长、性质特别严重，投服中心择此作为集体诉讼第一案，具有极强的典型示范意义。

同时也应当注意到，近几年来中国证监会及其派出机构每年作出的行政处罚案件数量呈递增之势，如2020年证监会共作出342件行政处罚决定。① 面对数量急剧增加的案件，若要实现特别代表人诉讼常态化开展，投服中心在选择集体诉讼案件时的公平公正性就成为不可回避的问题，若选择不当，极有可能招致“选择性诉讼”的质

① 《中国证监会2020年法治政府建设情况》，载中国证监会官网2021年4月16日，http://www.csrc.gov.cn/csrc/c100028/c07429aed339b44bd9ec9e6527887c439/content.shtml。

疑。笔者认为,投保中心应进一步优化案件的选择和决策流程,确保选案的公平性和公信力。

(一)明确选案原则

投服中心在选取拟参加的特别代表人诉讼案件时需遵循法定、公益和效率等原则。第一,法定原则。投服中心选取案件时,首先应遵循法律法规、司法解释和证监会的相关规定,既不能超越法定职权任意选案,也不应回避应有职责怠于选案。第二,公益原则。投服中心作为公益性投资者保护机构,无论是确定特别代表人诉讼的选案标准,还是就个案决定是否作为代表人参加诉讼,投服中心都应把公共利益放在首位。如果某起案件存在严重扰乱证券市场秩序、严重损害投资者利益的行为,投服中心应优先关注并考虑参与。第三,效率原则。投服中心的诉讼资源有限,应合理配置。投资者获得救济、违法者得到惩戒,这些均建立在投资者获得实际赔偿之上,倘若违法者偿付能力有限,而投服中心参与诉讼付出的成本较大,即便案件胜诉也无法实现赔偿投资者之目的,此种情况下,考虑到效率原则,投服中心应慎重选择该类案件。①

(二)细化选案标准

投服中心发布的《特别代表人诉讼业务规则(试行)》(以下简称《诉讼业务规则》)第 16 条列举了三项选案标准:(1)有关机关作出行政处罚或刑事裁判等;(2)案件典型重大、社会影响恶劣、具有示范意义;(3)被告具有一定偿付能力。在实践中,中国证监会每年作出行政处罚的案件约 300 多件,符合这三项标准的应不在少数,即便划定标准,投服中心还依然面临裁量、选择的问题。换言之,《诉讼业务规则》选案标准的可操作性尚待提高。

首先需要明确的是,民事追责并非行政处罚或刑事裁判作出后对受损投资者的补偿,而是在行政监管之外,另外开辟的一条及时发现违法、震慑违法的投资者救济途径。基于此,《诉讼业务规则》中个别选案标准的现实意义可能还有待商榷。例如,将行政处罚或者刑事裁判作为选取集体诉讼案件的前置条件,确实有利于降低集体诉讼中的不确定性,有利于提高诉讼效率。但此类案件由于有了行政机关或者法院的先行认定,民事诉讼中投资者胜诉的概率较大,可能并不属于实践中被称为“硬骨头”的疑难案件,反而属于相对容易在民事诉讼中取得司法支持及民事赔偿的案件。

---

① 参见郭雳:《投服中心参加特别代表人诉讼的选案标准:学理视角与参考建议》,载中国投资者网,https://www.investor.org.cn/tflt/tflt2020/news/202009/t20200904_452295.shtml。

如果主要对此类案件提起集体诉讼,可能无法充分发挥投服中心的专业和资源优势。由投服中心主导的特别代表人诉讼还应当着眼于已出现违法情形还未受到行政处罚或者司法裁决的公司及个人,在违法行为发生初期及时通过民事诉讼的方式为广大受损投资者争取最大限度的权益保障。因此,建议适当放宽初步筛选案件的标准,将那些对投资者权益已造成损害但还未最终作出行政处罚或者刑事裁判的案件也纳入选案范围。

(三)优化选案程序

《诉讼业务规则》规定,投服中心首先对符合选案标准的案件进行预研,预研内容包括公司基本情况、违法事实、法律争点等,预研认为有必要参加的,可启动包括评估专家在内的重大案件评估机制。预研和重大案件评估机制具有公平、透明、专业的特点,是增强集体诉讼案件选取的公信力、减少外界争议、降低利益冲突的重要方式。为更好地实现选案程序效能,笔者建议,一方面,在预研环节,除《诉讼业务规则》第17条明确列出的预研报告内容外,投服中心还可将案件的胜诉概率、是否可以借助其他多元化纠纷解决机制化解案件纠纷、是否有更好的替代性救济途径等作为预研考量,在权衡效率和效果的基础上,将有限的公共资源投入到更能实现社会效果的案件中;另一方面,关于重大案件评估机制,建议将重大案件的评估机制作为选案的必经程序,将专家评估环节作为选案的必经环节,这样可以充分吸纳投服中心工作人员、外部专家学者、公益律师以及一些投资机构代表等的意见,使案件的最终选择结果更具公信力。

三、巨额赔偿如何落地——民事赔偿的执行与落实

集体诉讼涉及原告投资者人数众多、赔偿金额巨大,被告的偿付能力直接关系到受损投资者能否真正得到赔偿。就康美药业而言,按照其2021年4月17日发布的业绩预告更正公告,预计2020年度亏损约为244.8亿元到299.2亿元,已出现了资不抵债的局面。目前,康美药业《重整计划(草案)》以及相应出资人权益调整方案获得第二次债权人会议表决通过,《重整计划(草案)》中已包含关于集体诉讼债权的偿付方案,破产重整法院已将24.59亿元一审判决赔偿金额列为暂缓确认债权。不难看出,若非通过破产重整清偿方式,康美药业有极大可能无力担负民事赔偿责任;而公司其他责任人员以及正中珠江能否承担如此巨额的民事赔偿责任,答案几乎是否

定的。

随着证券集体诉讼的常态化,24.59亿元的赔偿金额可能不会是“天花板”,如此巨额民事赔偿的执行问题备受关注。如何防止集体诉讼巨额民事赔偿判决沦为一纸空文,如何防止集体诉讼在“最后一公里”的执行环节难以落地,需要监管部门、司法机关、投保机构等形成多方合力,共同推动判决真正落实、执行到位。

(一)必要时向国务院报批使用证券投资者保护基金

一直以来,学界、监管及司法实践不断呼吁设立投资者损害赔偿基金,以应对被告无力赔付时如何保障胜诉投资者合法权益问题。笔者认为,中国证券投资者保护基金有限责任公司(以下简称投保基金公司)在赔付经验与赔付能力方面具备较强优势,建议由其设立并管理投资者损害赔偿基金。在欣泰电气案、海联讯案、万福生科案等欺诈发行、虚假陈述案件的专项补偿基金事项上,均由投保基金公司担任管理人。从多年实践来看,投保基金公司在监管客户资金安全、证券期货纠纷调解、运用电子化交易系统进行通知和赔偿等方面积累了丰富的经验,能够做到高效、便捷、低成本地对投资者进行损害赔偿。

此外,投保基金公司还有着较充足的资金储备,根据《证券投资者保护基金管理办法》,该等资金可以用于“证券公司被撤销、被关闭、破产或被证监会实施行政接管、托管经营等强制性监管措施时,按照国家有关政策规定对债权人予以偿付”,以及“国务院批准的其他用途”。从目前形势来看,随着证券公司合规建设的加强和完善,证券公司出现关闭或破产的风险较低,在此情况下,可考虑向国务院报批,申请将部分投保基金用于补充证券集体诉讼民事赔偿。详言之,当证券民事赔偿案件的执行遇到实质性阻碍时,如赔付主体宣告破产、无力履行生效判决,投保基金公司可将部分资金用于补偿受损投资者,这样既可以用好、用足投保基金,也适当地解决了集体诉讼执行难的问题,同时也符合投保基金公司保护中小投资者合法权益的设立初衷。

(二)适时引入个人破产制度

在康美药业案中,公司的赔偿责任及相关主体的连带责任之重史无前例,所谓连带赔偿责任,是指各个责任人对外不分份额、不分先后次序地根据权利人的请求承担责任。当权利人提出请求赔偿时,各个责任人不得以超过自己应承担的部分为由而拒绝。根据康美药业案民事判决,即便是最低5%的连带赔偿责任,也将面临超过1亿元的赔偿金额,这样巨额的赔偿足以让相关责任主体倾家荡产。

笔者建议,在证券集体诉讼民事责任主体范围内适时引入个人破产制度必要且迫切。个人破产制度的目的在于救助“诚实但不幸”的自然人债务人,已在我国多地试行并推广,也已出现了首位法律意义上的“自然人破产人”。[①] 可以预见,证券集体诉讼中动辄上亿元的民事赔偿金额将很常见,即便责任主体主观上具备偿还意愿,但客观上恐怕也不具备偿还能力,如果一味地要求其清偿债务,很可能导致责任主体(尤其是个人主体)作出极端的选择,这既不利于解决“执行不能”的问题,也不利于社会的稳定和谐。在证券集体诉讼民事赔偿案件中,不乏过失违法、违法行为较轻者,让其承担千万元乃至上亿元的赔偿责任。因此,笔者建议,应适时引入个人破产制度,通过这种良性循环的人性化制度,赋予一些责任主体重生的机会。当然,个人破产制度是给予“诚实但不幸”甚至“诚实但不慎”的债务人获得经济上“重新开始”的法律保障,保护的是善意的债务人,而不是恶意的债务人。倘若债权人或债务人提出破产申请后,存在欺骗性转移财产,或者向某个债权人优惠偿付等恶意规避债务行为,即使被宣布破产,经人民法院查证属实后,仍然存在撤销破产裁定的可能。

(三)推行及改造“董责险”制度

随着2019年修订的《证券法》的实施以及“零容忍”监管理念的加强,2020年开始,已陆续出现独立董事“辞职潮”,但当年11月12日康美药业案判决出台后短短十几天里,几十家上市公司独立董事集中“大逃亡”,却是前所未有的。康美药业案中,公司董监高承担5% ~20%不等的连带赔偿责任,对应赔偿金额为1.23亿~4.92亿元。一方面,上市公司董监高(尤其是独立董事)的履职风险被推至顶峰;另一方面,从投资者获赔角度来说,如何加强董监高的赔付能力,也是当下需要关注的问题。

康美药业案直接加速了董责险的发展。据统计,2002年至2019年,投保董责险的A股上市公司总共不到400家,2019年修订的《证券法》实施后的这两年里,投保的上市公司数量增加了近一倍,但相对A股上市公司总体量,我国上市公司董责险的覆盖率依旧偏低。董责险在我国赔付案例较少,尚未形成较好的示范效应。现阶段,大多数的证券纠纷民事赔偿都以中国证监会行政处罚为前提,而在行政处罚决定书中,通常都会对责任主体的过错程度进行认定,且由于存在行政处罚,导致触发董责险的除外条款。因此,笔者认为,A股市场董责险应根据我国资本市场的现实进行改造,应当突出保险公司对违法违规行为发生后法律服务费用的提供,同时对非故意违法的责任人员进行赔付作出明确约定。

---

① 《全国首位自然人破产人在深产生》,载新浪深圳,https://shenzhen.sina.cn/news/2021-11-10/detail-iktzqtyu6398687.d.html? vt=5&cid=179402&node_id=179402。

四、"第一案"之后如何——多元化纠纷解决机制形成及独董责任重塑

基于康美药业案的示范效应,越来越多的投资者可能会选择委托投服中心作为特别代表人提起集体诉讼。需要说明的是,投资者依法维权的渠道很多,不仅有单独诉讼、共同诉讼、支持诉讼、示范判决等司法审判机制,也有当事人和解、行业调解、专业调解、先行赔付等非诉纠纷解决机制,这些机制既相互区别,又互补共促,单单依靠其中某一种制度是不足以解决证券纠纷的问题。从保护投资者合法利益角度来看,集体诉讼无疑具有强大的威慑力,此时更应激活其在调解、和解等其他纠纷解决机制方面的积极作用。与此同时,康美药业案后几十家上市公司的独立董事挂印而去,社会各界发声讨论如何提升独立董事的履职效果甚至谈及独立董事制度的存废问题,为我们再次观察和思考独董制度提供了重要机会。

(一)鼓励投服中心主导、专业律师参与开展调解或和解

证券民事诉讼中,投资者面临诉讼时间长、举证难度大等困难,即使投资者最终获得胜诉,执行环节也易受阻,集体诉讼同样面临该类诉讼障碍。在投服中心主导下,以调解或和解方式结案,更有利于诉讼双方根据实际情况协调方案并解决纠纷,兼顾被告的赔付能力与诉讼效率,使集体诉讼更有效地推进。为弥补投服中心诉讼技能和调解积极性不足等问题,笔者建议,应鼓励专业证券律师参与集体诉讼的调解进程、参与设计调解方案、参与与被告进行谈判,以最大限度地为中小投资者争取权益。当然,考虑集体诉讼的工作量和复杂程度,本文建议,可以划定律师参与调解的酬金比例或上限,这样既可以充分调动专业律师的积极性,更能有效避免过高酬金导致律师将私利置于首位。

(二)调解或和解的前提是违法主体作出合规承诺

证券集体诉讼制度从法治到实践的迈进,为中小投资者提供了保护,威慑资本市场潜在违法主体,预防和降低违法违规行为的发生;在更深的层面,尤其是在注册制全面推进的背景下,集体诉讼对于倒逼上市公司及相关责任主体合法合规开展经营具有不可替代的作用。在证券行政和解领域,证监会可根据当事人作出的承诺及承诺履行情况调整调查进程,如中止调查、恢复调查、终止调查等,出于缩短被调查进程、争取不被行政处罚等考虑,当事人往往承诺纠正违法、赔偿损失、消除影响并实际履行,以合规承诺换取不受处罚,这是行政处罚倒逼市场主体合规。在民事集体诉讼

中,同样可以遵循该等逻辑,动辄上亿元的集体诉讼民事赔偿无疑会成为违法主体的"灭顶之灾",通过调解或和解提前结束民事诉讼、降低被告赔偿金额的同时,也应将被告作出合规承诺纳入调解或和解协议范围,以民事赔偿倒逼市场主体合规。

2021年7月,中共中央办公厅、国务院办公厅印发《关于依法从严打击证券违法活动的意见》对市场参与主体的合规要求提高到了前所未有的高度。长期来看,高标准的合规要求将促使各市场主体加强对合规流程的管理和机制的建设,有利于市场长期健康发展。在此过程中,集体诉讼是对违法违规行为进行威慑惩治的强有力手段,通过多元化的赔偿机制,实现多元化的监督机制,将立体追责升格为立体监督,这是集体诉讼可待实现的制度价值之一。

(三)重塑独立董事责任

康美药业案中独立董事所将承担的巨额民事赔偿,再次唤醒了我们对于独立董事责任的重视。但是,倘若不能从整体上解决制度的问题,而一味聚焦于苛责和处罚,那么恐怕会陷入"无人敢为独立董事"的又一轮恶性循环。因此,相较于"追责",更重要的是通过对独立董事制度权、责、利生态的全面重塑,解决中国独立董事制度的困境。我国《公司法》《证券法》等法律法规虽然对公司董事的勤勉尽责义务进行了规定,但均为原则性规定,一些规范性文件中虽然有部分细化标准,但法律效力层级比较低。康美药业案一审采取了参考专职董事责任适度追究兼职独立董事责任的原则进行判决,也反映出我国在独立董事专门立法方面的缺失。

加大独立董事在上市公司治理中的作用确有必要,但从独立董事的制度初衷和公司治理的一般逻辑来看,独立董事制度是上市公司治理中适当的外部干预机制,不应要求独立董事成为"全能型内部董事"。在重塑独立董事制度时,独立董事应以监督和限制上市公司控制权谋求私人利益的外部机制体现其制度价值,独立董事既要与监事会分清职责,也应与公司内部董事在职能上划清界限。同时,独立董事之独立性最核心的部分是履职的独立性,在履职内容和履职方式上应加强其"强独立性",具体表现为独立董事既不过度介入公司的正常生产经营,又以独立第三方的监督机制介入公司治理活动以监督控制权的私人利益。因此,应当避免不分权责地一味苛责和处罚独立董事,否则可能会导致出现"劣币驱逐良币"的局面,能力强、素质高的专业人士不愿担任独立董事,从长远来看,这并不利于改善我国上市公司治理现状和促进资本市场健康发展。

五、结　　语

众所周知,造假者的造假动机是获取高额非法利益,如果造假的风险远远高于回报,造假动机也将不复存在,这种实实在在的威慑力,是康美药业案给A股市场带来的长远启示。康美药业案一审判决的作出,表明各界期待多年的证券集体诉讼终于在我国资本市场土壤上落地生根,其与行政执法和刑事惩戒相互支持、相互衔接,有助于对违法者形成有效威慑,改善市场生态。中国特色证券集体诉讼的制度如今才刚刚启程,资本市场监管与治理亦非一朝一夕能够完成,唯有通过不断的实践、修正与完善,才能在加强投资者保护、增强市场各方的敬畏之心、共同营造良好市场生态等方面发挥应有的市场示范和震慑效应。

INVESTOR 投教园地

金融素养、投资者权益保护与证券投资行为

西南财经大学宋全云课题组*

摘　要：投资者金融素养的缺乏不仅会导致强烈的投机心理和非理性投资行为，也使其权益保护意识薄弱。本报告基于《股东来了》参赛者的问卷调查数据，针对我国证券投资者的金融素养、证券投资行为和权益保护行为展开研究。研究发现，我国证券投资者的主观金融素养并不高，分散投资意识尚可，大部分投资者以短线投资为主。同时，我国证券投资者的维权意识不强，仍有超过一半的证券投资者认为缺少股东权益维护途径，有超过一半的投资者没有参加过股东大会。实证分析发现，金融素养有助于从股票投资多样性、基金投资和持股时长等方面改善我国投资者的证券投资行为，且金融素养的提高也有助于显著增强投资者的权益保护意识，表现为金融素养越好的投资者参加股东大会并投票的可能性也越高。最后，研究发现，投资者权益保护意识的提升也有助于改善其证券投资行为。基于以上分析，报告研究认为，我国政府部门和相关机构应推动投资者教育以引导中小投资者合理参与证券市场投资。同时，投资者教育工作的开展应注意群体针对性，并积极配合问卷调查以优化投资者教育模式、提升培训教育效果。

关键词：中小投资者　金融素养　投资行为　权益保护

一、引　　言

随着居民财富水平的增加及新媒体平台对投资理财观念宣传的大力推动，越来越多的投资者进入资本市场，以期通过证券投资获得投资性收益，这使我国中小投资

* 课题组负责人：宋全云，副教授、博士研究生导师。课题组成员：段一帆，硕士研究生；汪璐，硕士研究生；穆迪，硕士研究生。

者数量不断增加。中国证券登记结算有限公司数据显示,截至 2021 年 8 月,我国证券市场中小投资者数量达到了 1.9 亿人,持股市值在 50 万元以下的中小投资者占比达 97%。中小投资者数量多、占比大、交易活跃,是我国资本市场投资者的核心组成部分。因此,加强对中小投资者权益保护对推动资本市场的稳定运行和健康发展具有重要意义。

投资者保护需要政府、企业和投资者多方合力。在投资者层面,要持续加强投资者教育,以提升权益保护意识,帮助投资者树立正确的投资理念和风险防范意识。然而,目前我国中小投资者金融素养普遍较低。投资者金融素养的缺乏不仅会导致强烈的投机心理和非理性投资行为,使其成为证券市场博弈的"牺牲品",也导致投资者自身权益容易受到侵害。

二、我国证券投资者的金融素养、投资行为和权益保护现状分析

本部分将结合《股东来了》的问卷调查数据对我国证券投资者的金融素养、证券投资行为和投资者权益保护的现状展开分析。

(一)我国证券投资者的金融素养现状分析

首先,分析我国证券投资者的金融素养现状。调查问卷中设计了"您觉得自己的金融素养超过了百分之多少的投资者? a. 超过不足 25%,b. 超过 26% ~50%,c. 超过 51% ~75%,d. 超过 76%"。该问题询问的是受访者自我评价的(self-reported)金融素养,可以反映投资者的主观金融素养情况。根据受访者的回答情况可以看出,大部分投资者认为自己的主观金融素养并不高。其中,有 42.51% 的受访者认为自己的金融素养仅超过不足 25% 的投资者,33.79% 的受访者认为自己的金融素养超过了 26% ~50% 的受访者(见图 1)。

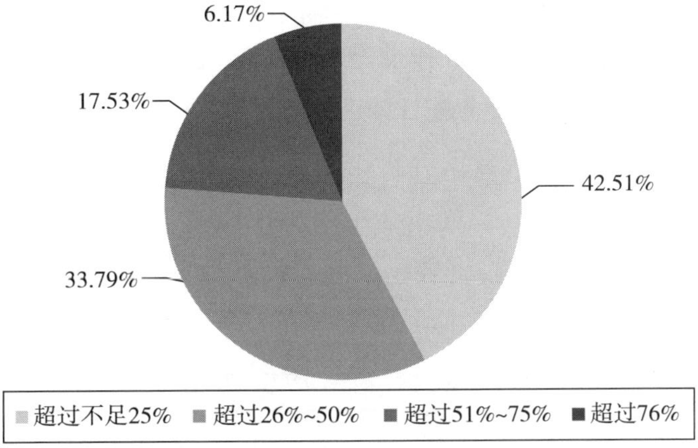

图 1　我国证券投资者的主观金融素养情况分析

（二）我国证券投资者的证券投资行为分析

1. 投资股票只数分析

首先，图 2 分析了我国证券投资者投资股票支数的总体情况。从分析结果来看，我国证券投资者投资股票只数为 1 只、2～3 只、4～5 只、6～8 只和 8 只以上的比例分别为 22.36%、39.87%、22.98%、9.17% 和 5.61%。这表明，一方面，我国证券投资者的风险分散投资意识尚可，仅有不足 1/4 的证券投资者只投资于 1 只股票；另一方面，我国证券投资者的投资组合分散性有进一步提升的空间，有近 40% 的证券投资者投资于 2 只至 3 只股票，可能尚不能达到很好的风险分散效果。

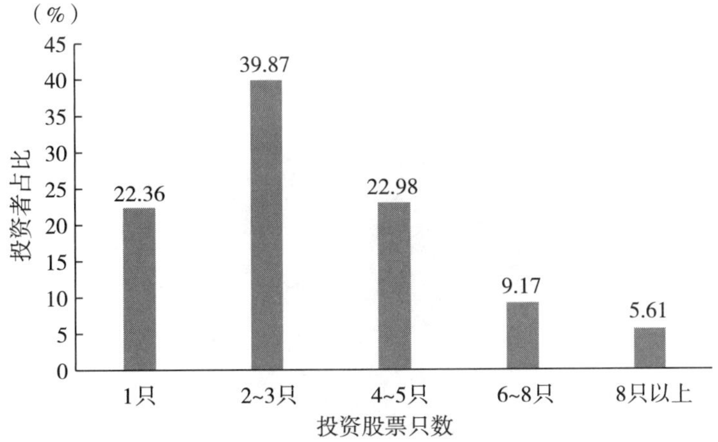

图 2　我国证券投资者的投资股票只数分布

2. 基金投资占比情况分析

与直接投资于股票相比，基金具有投资组合的特点，能够更好地分散投资风险，且投资者也更可能获得更高的收益。因此,基金投资比例的高低在一定程度上可以反映出证券投资者的风险分散意识和投资组合多样性水平。本次《股东来了》问卷中设计了"您在基金和股票的资金分配比重为多少?"这一问题,以考察我国证券投资者对股票和基金的投资偏好。从数据分析结果可以看出(如图 3 所示),我国有近 1/5 的证券投资者没有投资基金。投资组合中基金占比在 30% 及以内的投资者占比为 55.27%。这表明,我国大部分投资者是以股票投资为主,对基金的投资相对较少。

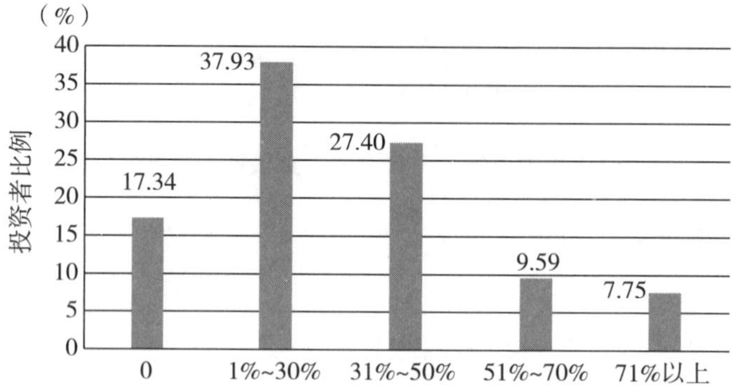

图 3　证券投资者基金投资占比的总体情况分析

3. 持股时间的基本情况分析

持股时间的延长有助于提高投资者的证券投资收益。本次《股东来了》问卷中设计了"以往在投资股票时,您的平均持股时长是几个月"这一问题,以考察我国证券投资者的持股时长。从图 4 中数据分析结果可以看出,我国有近 1/3 的证券投资者的持股时间在 1 个月(含)以内,持股时间在 6 个月及以内的投资者占比65.09%。这表明,我国大部分投资者是以短线投资为主,中长线投资相对较少。

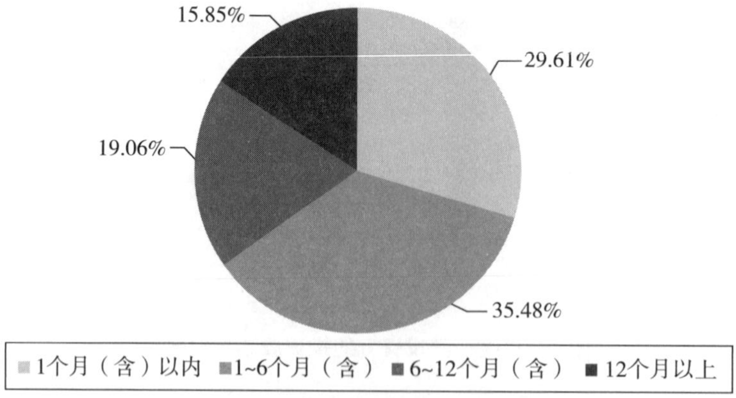

图 4　证券投资者持股时长的总体情况分析

(三)我国证券投资者的权益保护现状分析

1. 我国证券投资者当前股东大会参与情况分析

图5分析了我国证券投资者过去两年股东大会的参与情况。从数据分析结果可以看出,我国有超过一半的证券投资者没有参加过股东大会,比例为57.82%。同时,还有22.54%的证券投资者虽然参加过股东大会,但没有参与投票。仅有不足1/5的证券投资者参加了股东大会并进行投票。

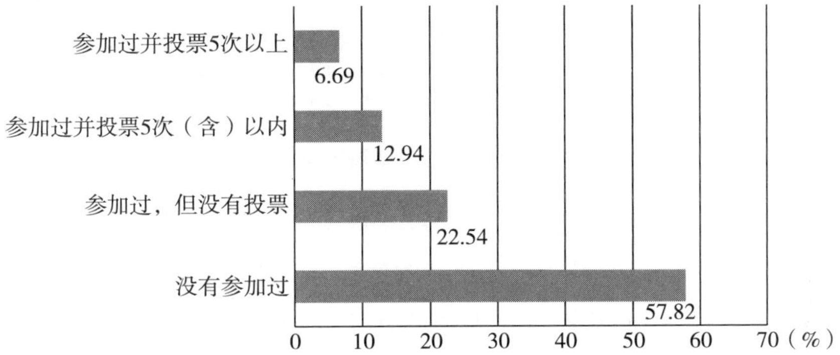

图5　证券投资者过去两年股东大会参与情况

2. 我国证券投资者主观评价的投资者保护水平现状分析

问卷中设计了"当股东权益受到侵害时,个人小股东缺少诉讼途径,基本无能为力。您是否同意以上叙述? a. 非常不同意,b. 比较不同意,c. 比较同意,d. 非常同意"这一问题以考察证券投资者对我国投资者权益保护现状的主观评价。从数据分析结果来看(见图6),回答非常不同意和比较不同意的投资者占比分别为22.69%和24.89%。这意味着,整体而言,我国有47.58%的证券投资者认为,个人小股东并不缺少股东权益维护诉讼途径。然而,需要注意的是,我国仍有超过一半的证券投资者认为缺少股东权益维护途径,针对这一问题,回答比较同意和非常同意的投资者占比为36.35%和16.07%。这表明,我国证券投资者主观认知的股东权益维护途径整体状态仍有较大的发展空间。

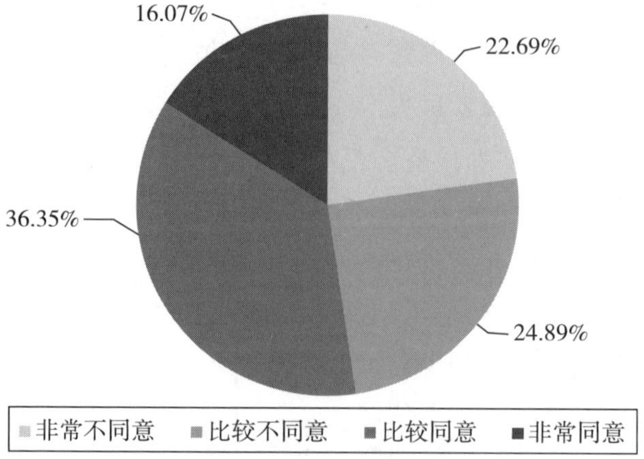

图 6　我国证券投资者主观认知的投资者保护水平

3. 我国证券投资者的权益宣传活动形式偏好分析

图 7 对我国证券投资者对于投资者权益保护宣传活动形式的偏好展开分析。从数据分析结果来看,我国证券投资者主要偏好的权益宣传活动形式依次为现场讲座(51.42%)、互动式答题活动(51.15%)、网络课堂(49.58%)和电视、广播、宣传短视频等多媒体(47.12%),而对报纸、杂志等纸媒的偏好较低。然而,需要注意的是,仍有近 1/4 的证券投资者偏好报纸、杂志等纸媒这一宣传渠道。因此,我国相关部分在开展权益宣传活动的时候应根据活动参与对象,有针对性地开展不同形式的权益宣传活动。

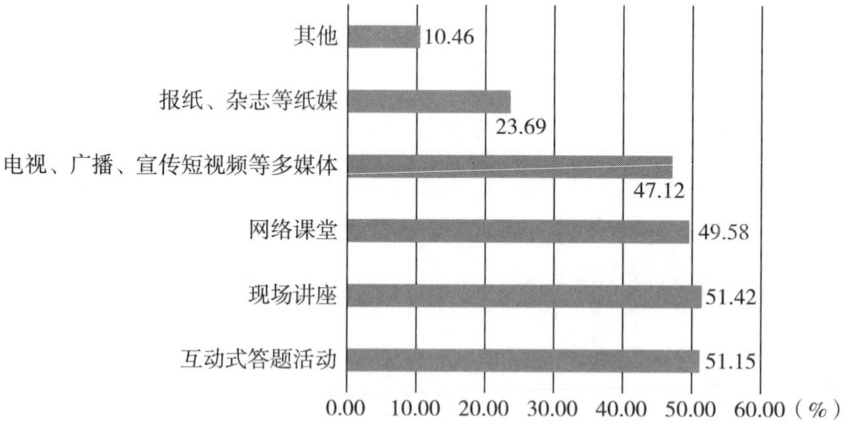

图 7　我国证券投资者的权益宣传活动形式偏好

三、金融素养对证券投资行为影响的实证分析

（一）数据与变量说明

1.数据说明

本部分将进一步使用计量经济学模型从金融素养与证券投资行为、金融素养与投资者权益保护和权益保护与证券投资行为等方面展开分析。本部分分析使用的数据来自《股东来了》投资者问卷调查数据，样本涵盖了全国31个省（自治区或直辖市）的10万多名投资者，具有代表性，这也使基于该数据的分析结论可以推广。

2.变量界定

（1）被解释变量。该部分旨在分析金融素养对投资者证券投资行为的影响，故选取了问卷中关于投资股票只数、投资中基金投资占比和持股时长的相关问题作为投资者证券投资行为的衡量。首先，是投资股票只数，该变量可一定程度上反映投资者股票投资组合的多样性。按照问卷中“平均而言，您持有的个股数为几只？a.1只，b.2～3只，c.4～5只，d.6～8只，e.8只以上”这一问题，定义了取值为1至5的有序离散变量，数值越大，代表投资者投资的股票只数越多，这也意味着投资者的股票投资组合越具有分散性。此外，考虑相对投资多只股票而言，投资者仅投资一只股票的投资组合多样性更差，因此还定义了“仅投资1只股票”的虚拟变量作为投资者股票投资组合多样性的替代性衡量。其次，是基金投资占比。问卷中设计了“您在基金和股票的资金分配比重为：基金占比多少？a.0，b.1%～30%，c.31%～50%，d.51%～70%，e.71%以上”这一问题以考察投资者的基金投资情况，依据受访者的回答，本报告中定义了取值为1至5的有序离散变量，该变量取值越大，代表投资者在基金上的资金配置比重也越高。最后，是持股时长。问卷中设计了“以往在投资股票时，您的平均持股时长是几个月？a.1个月（含）以内，b.1个月～6个月（含），c.6个月～12个月（含），d.12个月以上”这一问题，依据这一问题，本报告了也定义了一个取值为1至4的有序离散变量，取值越大，代表投资者的平均持股时间越长。

（2）关注变量：金融素养。《股东来了》问卷设计了“您认为自己的金融素养如何？”这一问题，这一问题反映的是投资者自我评价的金融素养，也可称之为“主观金融素养”。依据受访者的回答情况，定义了“超过了不足25%的投资者”“超过了26%～50%的投资者”“超过了51%～75%的投资者”和“超过了76%的投资者”四

个虚拟变量,并以“超过了不足 25% 的投资者”作为参照组,在回归分析中加入了“超过了26% ~50% 的投资者”、“超过了 51% ~75% 的投资者”和“超过了 76% 的投资者”三个虚拟变量。

(3)控制变量。基于数据可得性,实证分析中控制了投资者的个体特征、就业情况和资产规模。首先,投资者的个体特征包括年龄及其平方项、性别(取值为 1 代表男性,取值为 0 代表女性)和受教育水平(中专及本科、研究生及以上)。其次,投资者的就业情况包括就业状态(学生、在职、自由职业或退休)和身份(金融从业人员或非金融从业人员)两个变量。最后,投资者的资产规模按照答题者统计数据划分为资产规模为 0 元至 50 万元和资产规模在 50 万元及以上两组。此外,考虑不同地区投资者证券投资行为的差异性,实证分析中均加入了省份虚拟变量予以控制。

(二)实证结果分析

1. 金融素养与股票投资多样性

本部分分析金融素养对股票投资多样性的影响。首先,以是否仅投资 1 只股票作为股票投资多样性的衡量。由于是否仅投资 1 只股票是取值为 0 和 1 的虚拟变量,故使用“Probit 模型”进行估计。具体模型设定如下:

$$Y_i^* = \beta_0 + \beta_1 * Sub\_FL_i + Z_i^{'} \beta_2 + \mu_i + \varepsilon \tag{1}$$

(1)式中, $Y_i = (Y_i^* > 0)$,Y_i 为取值为 0 和 1 的虚拟变量,等于 1 表示投资者仅投资了一只股票,否则为 0。$Y_i{}^*$ 为相应的潜变量(Latent Variable);Sub_FLi 表示投资者 i 的主观金融素养,Z_i 为包括证券投资者的个体特征变量、就业状态、资产规模和省份固定效应等在内的控制变量。μ_i 代表不可观测的因素的汇总,是服从标准正态分布且独立同分布的随机误差项。

表 1 报告了以是否仅投资一只股票作为被解释变量的“Probit 模型”估计结果,表中汇报的是“Probit 模型”估计的边际效应。第(1)列报告的是没有加入主观金融素养的估计结果,以分析何种类型的证券投资者更可能投资于单只股票。从估计结果来看,年龄与单只股票投资呈“U”形关系,这表明,随着年龄的增加,证券投资者投资单只股票的可能性先下降后上升。与中年证券投资者相比,青年证券投资者和老年证券投资者更可能投资于单只股票。男性的边际效应显著为负,这表明,与女性证券投资者相比,男性证券投资者投资于单只股票的可能性显著更低。专科或本科、研究生及以上的边际效应均显著为负,这表明,与受教育水平为高中及以下的证券投资者相比,更高受教育水平的证券投资者投资于单只股票的可能性显著更低。也就是

说,随着受教育水平的提高,证券投资者投资单只股票的可能性显著下降。从资产规模来看,与资产规模在0元至50万元的证券投资者相比,资产规模在50万元及以上的证券投资者投资于单只股票的可能性显著更低。这表明,资产水平的提高显著降低了证券投资者单只股票投资的可能性。也就是说,更高水平的资产规模有助于投资者更好地进行多样化投资,实现投资组合的多元化。最后,与非金融从业人员相比,金融从业人员投资于单只股票的可能性也显著更低。这可能与金融从业人员具有更好的金融素养有关。

第(2)列加入了主观金融素养变量,但没有控制投资者的教育水平。这是因为,受教育水平与金融素养较相近。从结果可以看出,认为自身金融素养超过26%～50%的投资者、自身金融素养超过51%～75%的投资者和认为自身金融素养超过76%的投资者的边际效应均在1%水平上显著为负。其中,认为自身金融素养超过51%～75%的投资者投资于单只股票的可能性最低,其次为认为自身金融素养超过26%～50%的证券投资者,再次为认为自身金融素养超过76%的投资者。这表明,与认为自身金融素养超过26%～50%的投资者的证券投资者相比,主观金融素养越高的证券投资者投资于单只股票的可能性显著更低。这在一定程度上说明,在不控制证券投资者受教育水平的情况下,金融素养的提高有助于降低投资者投资单只股票的可能性,促进投资者更加注重多元化投资。第(3)列进一步加入了受教育水平变量。从估计结果可以看出,代表受教育水平的两个虚拟变量的边际效应均在1%水平上显著为负。重要的是,可以发现,在控制了证券投资者的受教育水平后,主观金融素养变量的边际效应均仍在1%水平上显著为负,边际效应较低,第(2)列中略有下降,但变化不大。这表明,即使在控制证券投资者受教育水平后,主观金融素养对证券投资者单只股票投资的影响仍然显著为负。

表1　金融素养与单只股票投资:“Probit模型”

变量	(1)全样本	(2)全样本	(3)全样本
超过26%～50%的投资者	—	-0.1915*** (0.0026)	-0.1887*** (0.0026)
超过51%～75%的投资者	—	-0.2236*** (0.0039)	-0.2215*** (0.0039)
超过76%的投资者	—	-0.1521*** (0.0054)	-0.1512*** (0.0054)

续表

变量	(1)全样本	(2)全样本	(3)全样本
年龄	-0.0178*** (0.0007)	-0.0165*** (0.0007)	-0.0161*** (0.0007)
年龄平方/100	0.0193*** (0.0009)	0.0188*** (0.0009)	0.0176*** (0.0009)
男性	-0.0983*** (0.0024)	-0.0742*** (0.0023)	-0.0797*** (0.0023)
专科或本科	-0.0683*** (0.0027)	—	-0.0628*** (0.0026)
研究生及以上	-0.1251*** (0.0054)	—	-0.1066*** (0.0052)
就业状态=学生	0.0791*** (0.0074)	0.0916*** (0.0071)	0.0832*** (0.0071)
就业状态=在职	0.1297*** (0.0069)	0.1158*** (0.0066)	0.1205*** (0.0066)
就业状态=自由职业	0.0687*** (0.0070)	0.0747*** (0.0068)	0.0648*** (0.0068)
资产规模(50万及以上)	-0.2009*** (0.0040)	-0.1756*** (0.0039)	-0.1568*** (0.0040)
金融从业人员	-0.0521*** (0.0039)	-0.0111*** (0.0038)	0.0029 (0.0038)
省份固定效应	控制	控制	控制
样本量	107,583	107,560	107,560

注:表中报告的是“Probit模型”的边际效应,括号中报告的是稳健标准误,***、**、*分别表示在1%、5%、10%水平下显著。

接下来,以证券投资者回答的股票投资只数选项作为被解释变量进行分析。根据变量设定,这里的股票投资只数是取值为1~5的有序离散变量,取值越大,代表证券投资者投资的股票只数越多。因此,这里使用“Ordered Probit模型”,即有序离散选择模型分析主观金融素养对股票投资多样性的影响。具体模型设定如下:

$$Stock\_number = \beta_0 + \beta_1 Sub_{FL} + \gamma X + \varepsilon \qquad (2)$$

其中,*Stock_number* *代表证券投资者的股票投资只数回答选项,为取值1到5的离散变量,1 表示仅投资 1 只股票,5 表示投资 8 只以上股票。*Stock_number* * 低于临界值 c1 时,证券投资者仅投资 1 只股票;高于临界值 c1 但低于临界值 c2 时,证券投资者投资 2 ~3 只股票;以此类推,当高于临界值 c4 时,证券投资者投资 8 只以上股票。依据上述分布,构造投资者对每一种回答的似然函数,并采用最大似然估计法进行模型估计。

表 2 报告了"Ordered Probit 模型"的估计结果。从第(1)列结果可以发现,在控制其他变量的情况下,代表主观金融素养的三个虚拟变量的估计系数均在 1% 水平上显著为正,且"超过 26% ~50% 的投资者"、"超过 51% ~75% 的投资者"和"超过 76% 的投资者"的估计系数分别为 0.5230、0.6254 和 0.9946。这表明,随着主观金融素养的提高,投资者投资的股票只数也会越多。也就是说,金融素养有助于促进投资者投资于多只股票,从而有助于实现投资组合的多元化。考虑到股票投资只数并不是代表真正投资的股票数量,而只是指代股票投资只数多少的有序离散变量。表 2 中的第(3)列至第(7)列依次汇报了投资者选择各选项的边际效应。从边际效应结果来看,主观金融素养对"仅投资 1 只股票"和"投资 2 ~3 只股票"的边际影响在 1% 水平上显著为负,对"投资 4 ~5 只股票"、"投资 6 ~8 只股票"和"投资 8 只以上股票"的边际影响在 1% 水平上显著为正。这表明,主观金融素养显著降低了投资者回答"仅投资 1 只股票"和"投资 2 ~3 只股票"的可能性,并显著增加了投资者投于多只股票的可能性。

表 2　金融素养与投资股票只数:"Ordered Probit 模型"

变量	(1) 股票投资只数	(2) 仅 1 只	(3) 2 ~3 只	(4) 4 ~5 只	(5) 6 ~8 只	(6) 8 只以上
超过 26% ~50% 的投资者	0.5230*** (0.0078)	-0.1424*** (0.0021)	-0.0370*** (0.0007)	0.0700*** (0.0011)	0.0546*** (0.0009)	0.0548*** (0.0009)
超过 51% ~75% 的投资者	0.6254*** (0.0101)	-0.1703*** (0.0027)	-0.0443*** (0.0009)	0.0837*** (0.0014)	0.0653*** (0.0012)	0.0655*** (0.0012)
超过 76% 的投资者	0.9946*** (0.0178)	-0.2708*** (0.0048)	-0.0704*** (0.0016)	0.1332*** (0.0024)	0.1039*** (0.0020)	0.1042*** (0.0021)
控制变量	控制	控制	控制	控制	控制	控制
省份固定效应	控制	控制	控制	控制	控制	控制

续表

变量	(1) 股票投资只数	(2) 仅 1 只	(3) 2 ~ 3 只	(4) 4 ~ 5 只	(5) 6 ~ 8 只	(6) 8 只以上
样本量	107, 562	107, 562	107, 562	107, 562	107, 562	107, 562

注:表中第(2)列至第(6)列报告的是“Ordered Probit 模型”的边际效应,括号中报告的是稳健标准误, *** 、** 、* 分别表示在 1% 、5% 、10% 水平下显著。

2. 金融素养与基金投资

与股票相比,基金投资门槛更低、投资更具有分散性。因此,基金投资占比的多少一定程度上可以反映投资者投资组合的多样性水平。这里基金投资占比是取值为 1 ~ 5 的有序离散变量,故采用“Ordered Probit 模型”进行分析。从第(1)列结果可以发现,在控制其他变量的情况下,代表主观金融素养的三个虚拟变量的估计系数均在 1% 水平上显著为正,且“超过 26% ~ 50% 的投资者”“超过 51% ~ 75% 的投资者”“超过 76% 的投资者”的估计系数分别为 0. 4161 、0. 7133 和 0. 9874。这表明,随着主观金融素养的提高,投资者会将更多的资金配置于基金而不是股票。也就是说,金融素养有助于促进投资者投资于更具有分散性的基金,从而有助于提升投资者投资组合的多样性,降低投资者的投资风险。同样,这里的基金占比并不是代表真正基金的资金配置比重,而只是指代基金投资多少的有序离散变量。表 3 中的第(3)列至第(7)列依次汇报了投资者选择各选项的边际效应。从边际效应结果来看,主观金融素养对“基金投资为 0”和“基金投资占比 1% ~ 30% ”的边际影响在 1% 水平上显著为负,对“基金投资占比 31% ~ 50% ”、“基金投资占比 51% ~ 70% ”和“基金投资占比 70% 以上”的边际影响在 1% 水平上显著为正。这表明,主观金融素养不仅显著降低了投资者不参与基金投资的可能性,也显著提高了投资者在基金上的资金配置比重。

表 3 金融素养与基金占比:“Ordered Probit 模型”

变量	(1) 基金占比	(2) 基金投资为 0	(3) 基金占比 1% ~ 30%	(4) 基金占比 31% ~ 50%	(5) 基金占比 51% ~ 70%	(6) 基金占比 70% 以上
超过 26% ~ 50% 的投资者	0. 4161 *** (0. 0078)	−0. 0985 *** (0. 0019)	−0. 0525 *** (0. 0010)	0. 0545 *** (0. 0011)	0. 0405 *** (0. 0008)	0. 0560 *** (0. 0011)

续表

变量	(1) 基金占比	(2) 基金投资为0	(3) 基金占比 1% ~30%	(4) 基金占比 31% ~50%	(5) 基金占比 51% ~70%	(6) 基金占比 70%以上
超过51% ~75%的投资者	0.7133*** (0.0099)	-0.1688*** (0.0024)	-0.0900*** (0.0013)	0.0934*** (0.0014)	0.0695*** (0.0011)	0.0960*** (0.0014)
超过76%的投资者	0.9874*** (0.0180)	-0.2337*** (0.0042)	-0.1247*** (0.0024)	0.1293*** (0.0024)	0.0962*** (0.0019)	0.1329*** (0.0026)
控制变量	控制	控制	控制	控制	控制	控制
省份固定效应	控制	控制	控制	控制	控制	控制
样本量	107,562	107,562	107,562	107,562	107,562	107,562

注:表中第(2)列至第(6)列报告的是"Ordered Probit模型"的边际效应,括号中报告的是稳健标准误,***、**、*分别表示在1%、5%、10%水平下显著。

3. 金融素养与持股时长

一般而言,持股时间越短,投资者的平均收益率也会越低。因此,持股时长一定程度上也可以揭示证券投资者投资收益的高低。这里持股时长是取值为1~4的有序离散变量,取值越大,代表投资者的持股时间越长,故采用"Ordered Probit模型"进行分析。从第(1)列结果可以发现,在控制其他变量的情况下,代表主观金融素养的3个虚拟变量的估计系数均在1%水平上显著为正,且"超过26% ~50%的投资者""超过51% ~75%的投资者""超过76%的投资者"的估计系数分别为0.4039、0.6402和1.0062。这表明,随着主观金融素养的提高,投资者的持股时间也会越长。也就是说,金融素养的提高有助于促进投资者延长股票持有时间,从而有助于提升投资者的证券投资收益。类似地,这里的持股时长并不是代表真正持股时间,而只是指代持股时间长短的有序离散变量。表4中的第(3)列至第(6)列依次汇报了投资者选择各选项的边际效应。从边际效应结果来看,主观金融素养对持股时间在"1个月及以内"和"1~6个月(含)"的边际影响在1%水平上显著为负,对持股时间在"6~12个月(含)"和"12个月以上"的边际影响在1%水平上显著为正。这表明,主观金融素养显著降低了投资者持股时间在6个月及以内的可能性,其中,对投资者持股时间在1个月及以内的降低作用更为明显。同时,金融素养还显著提高了投资者持股时间在6个月及以上的可能性。

表4　金融素养与持股时长:"Ordered Probit模型"

变量	(1) 持股时长	(2) 1个月及以内	(3) 1~6个月 (含)	(4) 6~12个月 (含)	(5) 12个月以上
超过26%~50%的投资者	0.4039*** (0.0080)	-0.1279*** (0.0025)	-0.0080*** (0.0004)	0.0466*** (0.0010)	0.0893*** (0.0017)
超过51%~75%的投资者	0.6402*** (0.0099)	-0.2027*** (0.0031)	-0.0127*** (0.0006)	0.0738*** (0.0012)	0.1416*** (0.0021)
超过76%的投资者	1.0062*** (0.0179)	-0.3186*** (0.0055)	-0.0200*** (0.0010)	0.1160*** (0.0021)	0.2226*** (0.0039)
控制变量	控制	控制	控制	控制	控制
省份固定效应	控制	控制	控制	控制	控制
样本量	107,562	107,562	107,562	107,562	107,562

注:表中第(3)列至第(6)列报告的是"Ordered Probit模型"的边际效应,括号中报告的是稳健标准误,***、**、*分别表示在1%、5%、10%水平下显著。

四、金融素养对投资者权益保护行为的影响分析

(一)金融素养与股东大会参与

参与股东大会是投资者维护自身权益的一种表现。根据问卷中问题,本报告定义了股东大会参与情况这一变量以反映投资者的权益保护行为。股东大会参与情况是取值为1~4的有序离散变量,取值越大,代表投资者越可能参与股东大会并投票。以股东大会参与情况作为被解释变量,这里使用"Ordered Probit模型"分析了金融素养对投资者权益保护行为的影响,估计结果报告于表5。从结果可以看出,随着证券投资者主观金融素养的提高,其股东大会参与情况越好。这表明,投资者金融素养的提高有助于提高其权益保护意识。表5中的第(2)列至第(5)列分别报告了金融素养对投资者选择各选项的边际影响。从估计结果可以看出,金融素养显著降低了投资者选择"没有参加过""参加过,但没有投票"的可能性,同时显著增加了投资者选择"参加过并投票5次(含)以内"和"参加过并投票5次以上"的可能性。也就是说,金融素养显著增加了投资者参加股东大会并投票的可能性。

表 5　金融素养与股东大会参与情况

变量	(1) 股东大会 参与情况	(2) 没有参加过	(3) 参加过,但 没有投票	(4) 参加过并投票 5 次(含)以内	(5) 参加过并投票 5 次以上
超过 26% ~50% 的投资者	0.1491*** (0.0076)	-0.0487*** (0.0025)	-0.0056*** (0.0003)	0.0195*** (0.0010)	0.0347*** (0.0017)
超过 51% ~75% 的投资者	0.0325*** (0.0101)	-0.0106*** (0.0033)	-0.0012*** (0.0004)	0.0043*** (0.0013)	0.0076*** (0.0023)
超过 76% 的投资者	0.4706*** (0.0160)	-0.1535*** (0.0052)	-0.0177*** (0.0008)	0.0616*** (0.0021)	0.1096*** (0.0037)
控制变量	控制	控制	控制	控制	控制
省份固定效应	控制	控制	控制	控制	控制
样本量	107,562	107,562	107,562	107,562	107,562

注:表中第(2)列至第(5)列报告的是“Ordered Probit 模型”的边际效应,括号中报告的是稳健标准误,***、**、*分别表示在1%、5%、10%水平下显著。

(二)金融素养与主观评价的投资者保护水平

问卷还设计了“当股东权益受到侵害时,个人小股东缺少诉讼途径,基本无能为力。您是否同意以上叙述? a. 非常不同意,b. 比较不同意,c. 比较同意,d. 非常同意”这一问题以询问投资者对我国投资者保护水平的评价。如表 6 所示,回答“非常同意”,代表受访者对我国投资者权益保护水平评价较低;反之,回答“非常不同意”,则代表受访者对我国投资者权益保护水平评价较高;本报告依据受访者的回答情况定义了一个取值为 1(非常同意)至 4(非常不同意)的有序离散变量以反映投资者主观评价的权益保护水平,取值越大,代表投资者认为我国的投资者权益保护水平越高。从估计结果来看,金融素养越好的投资者对我国投资者权益保护水平的评价反而越低,这表明,我国投资者权益保护工作还有很大的发展空间。

表 6　金融素养与主观评价的投资者保护水平

变量	(1) 权益保护 水平评价	(2) 非常同意	(3) 比较同意	(4) 比较不同意	(5) 非常不同意
超过 26% ~50% 的投资者	-0.0445*** (0.0077)	0.0105*** (0.0018)	0.0067*** (0.0012)	-0.0041*** (0.0007)	-0.0130*** (0.0023)

续表

变量	(1) 权益保护 水平评价	(2) 非常同意	(3) 比较同意	(4) 比较不同意	(5) 非常不同意
超过 51% ~75%的投资者	-0.1153*** (0.0098)	0.0272*** (0.0023)	0.0174*** (0.0015)	-0.0107*** (0.0009)	-0.0338*** (0.0029)
超过 76% 的投资者	-0.4195*** (0.0182)	0.0988*** (0.0043)	0.0632*** (0.0027)	-0.0391*** (0.0017)	-0.1229*** (0.0053)
控制变量	控制	控制	控制	控制	控制
省份固定效应	控制	控制	控制	控制	控制
样本量	107, 562	107, 562	107, 562	107, 562	107, 562

注:表中第(2)列至第(5)列报告的是“Ordered Probit 模型”的边际效应,括号中报告的是稳健标准误, ***、**、*分别表示在 1%、5%、10% 水平下显著。

五、投资者权益保护与证券投资

(一)投资者权益保护与股票投资只数

该部分进一步分析投资者的权益保护意识对其股票投资行为的影响。这里以投资者的股东大会参与情况作为投资者权益保护意识的衡量,如果投资者参加股东大会并投票则认为其权益保护意识越好。首先,分析权益保护意识对股票投资只数的影响。从表 7 中第(1)列的“Ordered Probit 模型”估计结果可以看出,“参加过,但没有投票”“参加过并投票 5 次(含)以内”“参加过并投票 5 次以上”的估计系数均在 1% 水平上显著为正。这表明,与没有参加过股东大会的投资者相比,参加过股东大会(投票或未投票)的投资者投资的股票只数也会越多。这表明,权益保护意识的提高有助于提升投资者的多元化投资意识,提高其股票投资组合的多样性水平。第(2)列至第(6)列的边际效应分析结果表明,与没有参加过股东大会的投资者相比,参加过股东大会(投票或未投票)的投资者仅投资于 1 只股票或投资 2 ~ 3 只股票的可能性显著降低,而其投资于 4 只及以上股票的可能性则显著增加,进一步验证了投资者权益保护意识对其股票投资行为的改善作用。

表 7　投资者权益保护与股票投资只数

变量	(1) 股票投资只数	(2) 仅 1 只	(3) 2 ~ 3 只	(4) 4 ~ 5 只	(5) 6 ~ 8 只	(6) 8 只以上
参加过,但没有投票	0.7326*** (0.0087)	-0.1957*** (0.0022)	-0.0540*** (0.0010)	0.0981*** (0.0013)	0.0740*** (0.0011)	0.0776*** (0.0011)
参加过并投票 5 次(含)以内	0.8426*** (0.0105)	-0.2251*** (0.0026)	-0.0621*** (0.0012)	0.1128*** (0.0015)	0.0851*** (0.0013)	0.0893*** (0.0013)
参加过并投票 5 次以上	0.5046*** (0.0127)	-0.1348*** (0.0033)	-0.0372*** (0.0011)	0.0676*** (0.0017)	0.0510*** (0.0014)	0.0535*** (0.0015)
控制变量	控制	控制	控制	控制	控制	控制
省份固定效应	控制	控制	控制	控制	控制	控制
样本量	107,585	107,585	107,585	107,585	107,585	107,585

注:表中第(2)列至第(6)列报告的是“Ordered Probit 模型”的边际效应,括号中报告的是稳健标准误,*** 、** 、* 分别表示在 1%、5%、10% 水平下显著。

(二)投资者权益保护与基金投资

接下来,分析投资者权益保护对基金投资的影响。从表 8 中的估计结果可以看出,“参加过,但没有投票”“参加过并投票 5 次(含)以内”“参加过并投票 5 次以上”的估计系数均在 1% 水平上显著为正。这表明,与没有参加过股东大会的投资者相比,参加过股东大会(投票或未投票)的投资者将资金配置到基金的比例也会越高。第(2)列至第(6)列的边际效应分析结果表明,与没有参加过股东大会的投资者相比,参加过股东大会(投票或未投票)的投资者的基金投资占比在 30% 及以内的可能性显著降低,而其基金投资比重在 31% 及以上的可能性则显著增加,进一步验证了投资者权益保护意识对其基金投资的促进作用。

表 8　投资者权益保护与基金投资

变量	(1) 基金投资占比	(2) 基金投资为 0	(3) 基金占比 1% ~30%	(4) 基金占比 31% ~50%	(5) 基金占比 51% ~70%	(6) 基金占比 70% 以上
参加过,但没有投票	0.2758*** (0.0080)	-0.0654*** (0.0019)	-0.0348*** (0.0010)	0.0365*** (0.0011)	0.0271*** (0.0008)	0.0366*** (0.0011)
参加过并投票 5 次(含)以内	0.8682*** (0.0098)	-0.2059*** (0.0024)	-0.1095*** (0.0014)	0.1150*** (0.0014)	0.0852*** (0.0012)	0.1152*** (0.0015)
参加过并投票 5 次以上	0.3320*** (0.0128)	-0.0787*** (0.0030)	-0.0419*** (0.0017)	0.0440*** (0.0017)	0.0326*** (0.0013)	0.0440*** (0.0018)
控制变量	控制	控制	控制	控制	控制	控制
省份固定效应	控制	控制	控制	控制	控制	控制
样本量	107,585	107,585	107,585	107,585	107,585	107,585

注:表中第(2)列至第(6)列报告的是"Ordered Probit 模型"的边际效应,括号中报告的是稳健标准误,***、**、*分别表示在 1%、5%、10% 水平下显著。

(三)投资者权益保护与持股时间

最后,分析投资者权益保护意识对其持股时长的影响。从表 9 中的估计结果可以看出,"参加过,但没有投票""参加过并投票 5 次(含)以内""参加过并投票 5 次以上"的估计系数均在 1% 水平上显著为正。这表明,与没有参加过股东大会的投资者相比,参加过股东大会(投票或未投票)的投资者的持股时间也会越长。第(2)列至第(5)列的边际效应分析结果表明,与没有参加过股东大会的投资者相比,参加过股东大会(投票或未投票)的投资者的持股时长为 1 个月及以内或 1 个月至 6 个月(含)的可能性显著降低,而持股时长为 6 个月至 12 个月(含)或 12 个月以上的可能性则显著增加,这表明,投资者权益保护意识的提升也有助于增加其持股时长,从而有助于提升其投资收益。

表9　投资者权益保护与持股时间

变量	(1) 持股时长	(2) 1个月及以内	(3) 1～6个月(含)	(4) 6～12个月(含)	(5) 12个月以上
参加过,但没有投票	0.3914*** (0.0087)	-0.1248*** (0.0027)	-0.0089*** (0.0004)	0.0458*** (0.0011)	0.0878*** (0.0019)
参加过并投票5次(含)以内	0.6575*** (0.0101)	-0.2096*** (0.0031)	-0.0149*** (0.0007)	0.0770*** (0.0013)	0.1475*** (0.0022)
参加过并投票5次以上	0.5044*** (0.0124)	-0.1608*** (0.0039)	-0.0114*** (0.0006)	0.0591*** (0.0015)	0.1131*** (0.0028)
控制变量	控制	控制	控制	控制	控制
省份固定效应	控制	控制	控制	控制	控制
样本量	107,585	107,585	107,585	107,585	107,585

注:表中第(2)列至第(5)列报告的是"Ordered Probit模型"的边际效应,括号中报告的是稳健标准误,***、**、*分别表示在1%、5%、10%水平下显著。

六、研究结论与建议

基于《股东来了》参赛者的问卷调查数据,本报告对我国证券投资者的金融素养、证券投资行为和权益保护行为展开统计分析,并实证分析了金融素养对证券投资行为和权益保护行为的影响,以及权益保护意识对证券投资行为的影响。

首先,统计分析发现:(1)我国证券投资者的主观金融素养并不高。整体而言,仅有不足1/4的投资者认为自己的金融素养超过了一半的投资者。(2)我国证券投资者的分散投资意识尚可,仅有不足1/4的证券投资者只投资于1只股票;从基金投资情况来看,我国有近1/5的证券投资者没有投资基金;从持股时长来看,我国大部分投资者是以短线投资为主,中长线投资相对较少。(3)我国证券投资者的维权意识不强,有超过一半的投资者没有参加过股东大会,超过一半的证券投资者认为缺少股东权益维护途径。实证分析发现:金融素养不仅有助于改善我国投资者的证券投资行为,也显著提升了投资者的权益保护意识。同时,投资者权益保护意识的提升也有助于改善其证券投资行为。

基于以上分析,报告研究提出以下相关政策建议:

第一,加强顶层设计,以政策引导推进金融教育实践,将投资者教育纳入国民教育体系。以国家战略力度推动,将金融教育上升到国家战略高度。目前,全球已有 50 多个国家实施,由政府主导成立专门机构,协同多部门联合推动金融教育。我国对金融教育的重视程度越来越高。如 2015 年和 2016 年,国务院办公厅先后印发了《关于加强金融消费者权益保护工作的指导意见》和《推进普惠金融发展规划(2016 - 2020 年)》。中国人民银行金融消费权益保护局也开始每两年发布《消费者金融素养调查分析报告》,并建议将金融教育纳入国民教育体系。然而,我国目前尚未有专门的金融教育政策。我国相关部门应着力推动政策改革,积极建议将金融教育纳入各阶段教育体系,努力做到人人懂理财、人人会理财。与面向大众的金融教育不同,纳入教育体系的校园金融教育有助于全面深入系统地学习金融知识。

第二,制定标准规范,分群体有序推进,重点突出。我国在重视并开展投资者教育活动的同时,应制定标准体系,推动形成一套较完善的行业规范,对不同群体的具体教学内容作出明确规定,使投资者教育工作的开展有章可循、有规可依。2019 年 5 月中国证券业协会重新制定了《证券经营机构投资者教育工作指引》,沪深交易所发布《会员投资者教育工作指引》以推动投资者教育工作规范有序开展。在此基础上,相关机构应基于客户群体有针对性地设计相关投资者教育工作开展规范。比如,针对受教育水平较低、非财经类专业的投资者,可通过趣味动画、小视频等简单易懂的方式开展基础性金融教育;针对受教育水平较高的投资者,则应在简单介绍基础金融知识的基础上,增加金融教育活动深度。同时,应综合采用多种渠道以更加有效地传播金融知识。微信、微博等线上新媒体平台的优势在于覆盖面广,但难以兼顾个性化问题;线下讲座等活动可很好地解决个性化问题,但覆盖面有限。因此,应综合采用"线上 + 线下"多种渠道宣传金融知识,并积极利用线上平台宣传线下活动,从而最大化金融教育活动效果。

第三,多方合力,协同构建系统化和常态化的投资者教育工作格局。目前,我国投资者教育工作呈现地区发展不平衡、浅层化、碎片化的特点,缺乏连续性和系统性。我国应推动整合金融机构、投资者保护机构、教育机构、社会媒体等多方力量推进投资者教育工作,并探索构建投资者教育工作的常态化工作机制。在我国,中国人民银行、银保监会、证监会均通过专门设置的金融消费者权益保护机构以负责各自领域的金融消费者教育事项,然而这种金融教育工作模式不仅很难满足公众多样化的金融学习需求,也很难适应我国金融产品创新趋势。因此,首先,各金融监管机构应加强金融教育工作沟通,并着力构建金融教育的沟通协调机制,从而协同推进金融知识宣传和金融教育活动,以形成工作合力,取得更好效果。其次,金融监管部门可以通过编写教材、培训师资、举办校园活动等方式形成与高校协同开展金融教育的工作机制。最后,应搭建各级金融教育机构的协同沟通机制,可通过构建金融教育联盟峰会、金融教育教学竞赛等方式搭建沟通平台。

第四,注重实际调查,充分了解受众群体需求。投资者教育的开展应以需求为导向,在投资者教育开展前,应进行较充分的调研,以了解受教育群体的需要和诉求,从而更加有针对性地设计教育培训内容并提升金融教育活动的针对性和有效性;在投资者教育活动开展后,应及时评估培训活动效果,并结合评估结果优化调整投资者教育活动开展模式和教育培训内容,从而提升投资者教育工作的实效性。

证券期货投资者教育基地运营与发展再思考*

——以北京辖区投教基地为视角

郭文龙**

摘　要：中国证监会自启动投教基地建设工作以来，机制体制逐步完善，活动内涵越发丰富，各项工作推进顺利，投教基地在投保工作中发挥着重要抓手作用。2020年年初，人民银行也开始启动"金融消费者教育示范基地"建设工作。投教基地授牌趋势是否收紧、质效是否符合预期、监管方式是否改变，投教基地建设如何推进、如何与金融教育示范基地加强资源共享，有必要总结经验，厘清事实，拓展思路。北京辖区投教基地类型多样，实力雄厚，特色化和差异化运营特点突出，具有高度代表性，可作为研究标本进行解剖。

关键词：投教基地　金融教育示范基地　联学联建

2013年12月25日，国务院办公厅发布《关于进一步加强资本市场中小投资者合法权益保护工作的意见》，指出要强化中小投资者教育，加大普及证券期货知识力度，充分发挥媒体的舆论引导和宣传教育功能。2014年5月9日，国务院发布《关于进一步促进资本市场健康发展的若干意见》，开篇明确提出要处理好风险自担与强化投资者保护的关系，健全投资者尤其是中小投资者权益保护制度。

为落实国务院及国办意见要求，证监会分别于2015年和2018年发布《关于加强证券期货投资者教育基地建设的指导意见》（以下简称《指导意见》）和《证券期货投资者教育基地监管指引》（以下简称《监管指引》），启动证券期货投资者教育基地（以下简称投教基地）建设并持续完善。截至2021年9月底，证监会已连续开展四批投

* 本文仅为作者个人观点。

** 北京证监局投保处副处长、二级调研员。

教基地申报命名工作,共计 199 家基地获得授牌。

一、再次开展投教基地运营与发展研究的缘起

近年来,投教基地的建设背景、市场发展、监管理念和外部环境均发生了较大变化。在基地定位和公益性原则维持不变的同时,基地建设及优化等问题值得深入研究。

(一)投教基地建设发展进入全新阶段

投教基地已成为监管部门开展投保工作的有力抓手。用之得当,事倍功半。2019 年,笔者在对比研究前三批基地申报指引的基础上撰写了《关于投教基地建设运营监管工作的思考》,对投教基地的效用、发展趋势以及存在问题进行分析并提出完善建议。两年多来,投教基地的建设和发展进入新阶段。有必要进一步思考如何对数量庞大的基地进行监管,倡导“有进有出”的良性循环文化,引导各辖区投教基地打破现有格局开展合作。

(二)金融消费者教育示范基地异军突起

2020 年年初,中国人民银行消费者权益保护局(以下简称人民银行消保局)在借鉴证监会投教基地建设的基础上着手推动金融消费者教育示范基地(以下简称金融教育示范基地)建设工作,目前申报命名工作推进顺利。至 2021 年上半年,首批省级金融教育示范基地开始挂牌。作为金融监管系统两大类专业性、公益性宣传教育平台,投教基地和金融教育示范基地均承担着重要职责并将继续发挥重要作用。未来,针对两类基地在维持各自特色化发展的同时如何开展密切合作,更好地服务投资者(金融消费者),有必要进行研究。

(三)投教基地研究理应走在实践前头

北京辖区投教基地数量位居全国之首,资源得天独厚。北京证监局不断深入挖掘基地特色,加强业务指导和资源整合,建成了运营主体多样、专业优势明显以及“内容 + 渠道”均衡的基地群。基地群在投保工作中有效避免了单打独斗的局面,达到了“1 + 1 > 2”的效果。在继续尊重基地特色并充分发挥各自作用的基础上,北京证监局理应继续发挥牵头研究工作。目前,证监会投保局联合投保基金公司对基地开展整体评估工作,北京辖区投教基地有责任成为重要样本,为投保事业发展贡献力量。

二、投教基地差异化和特色化发展明显——以北京辖区为视角

截至2021年7月中旬,北京辖区共有15家投教基地,其中国家级基地7家,省级基地8家,占比分别为47%和53%,均位居全国首位。实体基地6家(2家国家级基地,4家省级基地),互联网基地9家,占比分别为40%和60%。以证监会监管的市场主体为运营主体的基地有9家(证券公司6家,基金公司2家,上市公司1家),其他主体运营的基地6家,分别占比为60%和40%。总体来看,行业分布较广,形态较丰富。过去几年,正是得益于形态丰富、各有特长的投教基地,北京证监局在投资者教育、专项宣传以及推进投教知识纳入国民教育方面取得了较大成绩。

(一)摸清投教基地底牌,量身定做"贴标签"

北京辖区投教基地各有特色,有的擅长输出内容,有的宣传渠道广泛,有的扎根扶贫和乡村振兴,有的善于开展中小学财商教育,有的愿意在社区深耕细作,有的善于运营相关话题。北京证监局根据基地运营主体的背景和资源优势,深挖特色,引导基地形成独特投教文化,采用"贴标签"形式,为每家基地撰写文章进行差异化宣传推介。推动中信建投证券基地、国信证券北京地区基地与北京外国语大学、中国政法大学开设必修课,推动投教基地建立大学生社会实践基地,推动工银瑞信基地印制"红马甲"并依托区金融办和街道办下沉社区持续开展投教文化节,推动基金小镇基地开展"走入基层党建",以及指导华泰证券北京地区实体基地建设新潮的"城市书吧"等。

(二)发挥投教基地优势,物尽其用"炒好菜"

实体基地具有直观性强、面对面交流等特点,便于开展线下培训、讲座和研讨会,北京证监局积极利用北京基金小镇投教基地活动私募机构聚集等特点,指导其按照统一部署开展投教活动的同时,开展对经营机构尤其是私募经营机构"关键少数"的宣传教育,从源头上培育合规理念。新媒体基地具有传统媒体无可替代的渠道和流量优势,短视频契合当下时间碎片化现状,通过新媒体开展投教宣传工作,受众广,触达率高。推动新浪财经基地、微博基地以及字节跳动(抖音集团)基地开设"投资者教育"话题,投放开屏广告,利用中国财富网基地直播软硬件设施优势和新华网基地权威性渠道优势,打造具有辖区特色的"流量航母"。

(三)构建投教基地格局,无所保留"迎宾客"

当下,交通设施发达、人口流动频繁、投资渠道(市场、产品以及服务)不分区域,

仅限于在本辖区搞好投保工作的思路不够广阔，应本着“为投资者办实事”的原则构建大投保大体系。北京证监局奉行“协作互补、资源共享、形成合力、达到共赢”的十六字方针，主动与其他证监局、交易所以及行业协会等单位加强沟通交流，共享辖区投教资源。例如，督促新华网基地为其他辖区投教基地展播优秀投教产品，指导新华网基地推出投教“新华号”供基地入驻并提供传播资源，积极配合其他证监局做好专项宣传推广工作等。

三、投教基地已成为金融监管系统极具特色的品牌

投教基地建设及运营工作一贯体现实质重于形式的原则，诞生6年以来，已成为金融监管系统最具影响力和最具特色的投资者保护品牌。

（一）投教基地最基本和最原则的属性是公益性

目前关于投教基地的申报、监管和考核的制度已基本完备。《指导意见》《监管指引》以及申报指引均强调投教基地应当秉承公益性原则开展工作，不得利用授牌开展营利性活动。因此，公益性是投教基地建设和运营的最基本属性。按照规定，监管部门每年对基地进行考核，确保其严格遵守公益性原则。北京证监局在提供投教基地申报命名咨询和培育服务过程中，均严格贯彻落实公益性要求，敬告申报主体应当冷静考虑设立投教基地的必要性，综合测算各种人力物力投入，不得掺杂任何私心。

（二）投教基地申报实质条件保持相对稳定

《指导意见》根据不同维度对投教基地进行分类，例如，国家级和省级、实体和互联网。不同类型的基地均有不同具体要求。如实体基地要有专门用于投教的场所，平均每月有最低开放时间和现场参观人数。互联网基地应当具备专门的网站，需要满足最低满足访问量、访客数等要求等。大致来讲，国家级基地综合条件要求较高，评审、授牌和年度考核等次由投保局负责。省级基地评审、授牌、日常监管及年度考核等次由各证监局负责。通过对比分析四批申报指引，可见第三批基地建设的实质条件发生较大变化且相对固定后，未来会相对稳定。

（三）投教基地已成为金融监管系统特色品牌

证监会在投资者保护尤其是投教基地建设和监管方面步伐迈得最早，机制体制最为完善，系统性统筹性工作最成熟，基地运行评估最及时，成效最显著。部委层面，人民银行消保局充分借鉴证监会投教基地建设模式，大力推进金融教育示范基地建

设的统筹规划和建设等工作。派出机构层面,人民银行营业管理部与北京证监局在基地的建设理念以及日常监管等问题上保持充分沟通交流。目前,人民银行系统选择首批先行推出省级金融教育示范基地试点,充分显示了证监会投教基地的品牌效应。

四、投教基地运营实践及监管问题初探

投教基地的建设、运营和发展既非一蹴而就,也非一劳永逸。首批授牌、历史沿革、审核条件、公益定位、授牌趋势、名称专属,以及投教基地与金融教育示范基地如何开展合作等,都是在厘清事实和总结经验的基础上尝试开展的破题探索。

(一)首批获得授牌的基地是否包括省级投教基地

2015 年 10 月 16 日,首批投教基地申报工作指引随《指导意见》同步公布,申报指引及附属表单列举了制度要求和指标标准。需要注意的是,发布申报指引已近年底,启动省级基地申报命名较为仓促,首批 13 家基地仅限国家级。因此,严格来讲,国家级基地和省级基地的申报命名批次并不同步。截至 2021 年上半年,国家级基地申报命名共开展四批,省级基地实际只开展三批。从近四批申报指引发布和授牌实践看,国家级和省级基地申报命名今后将保持一致。

(二)基地监管的"入口关""过程关"是否齐备

从 2015 年到 2018 年,第一批、第二批投教基地并不需要进行年度考核。2018 年发布的《监管指引》对基地日常运营标准和监管要求作出详细规定,对 2015 年《指导意见》的后半部分(主要涉及监管权限和基地义务)进行细化和扩充,同时将年度考核表作为指引附件。时隔 3 年,投教基地监管终于步入正轨。从 2015 年基地建设起步到《监管指引》发布,形成了基地"入口关"和"过程关"均有要求,申报表和考核表"遥相呼应"的监管闭环。需要注意的是,《监管指引》所附考核表项目齐全完备,但关于"原创投教产品不得低于 30%"的标准需要沿用申报指引要求,基地在填报过程中容易出现遗漏,笔者在上一篇文章中已建议对考核表进行微调或者在该项下明确提示。

(三)同一申报主体可否申报不同类型投教基地

《指导意见》、《监管指引》及历次申报指引并未明确同一申报主体不得申报不同类型和不同层级的投教基地。通过检索已获授牌的基地,大致存在以下几种情况:第

一种，同一运营主体同时申报实体基地和互联网基地，例如，东兴证券同时运营省级实体基地和互联网基地，未来不排除有部分大型证券经营机构同时运营国家级双基地。第二种，同一运营主体以不同场地申报国家级基地和省级基地，例如，华福证券同时运营福州国家级实体基地和泉州省级实体基地。第三种，同一运营主体的不同分支机构在不同城市申报投教基地，例如，国信证券分别在北京、浙江、福建和湖南地区运营投教基地，其中浙江白沙泉投教基地为国家级，其余为省级基地。第四种，同一运营主体的总部和分支机构分别运营国家级基地和省级基地。未来也可能顺序颠倒，即同一运营主体的总部和分支机构分别运营省级基地和国家级基地。

相对而言，上述几种情形辨识度较高，要么申报类型（实体基地或互联网基地）有别，要么实体场地各异，要么实际运营主体不同。对于同一申报主体以相同内容（或场地）同时向投保局和证监局申报同一类型基地时，容易出现政策把握方面的问题。

一般来说，基地申报过程中，运营主体要么申报国家级基地，要么申报省级基地，但不排除申报主体为确保万无一失，同时向投保局和证监局报送相同内容的申报材料。遇到这样的问题，应当如何处理？笔者认为，《指导意见》及申报指引并无明确禁止规定。具体而言，应根据以下情况具体分析。

一是国家级及省级基地均未获批；二是国家级及省级基地同时获批；三是国家级基地未获批省级基地获批；四是国家级基地获批省级基地未获批。第一种情形（均未获批）和第三种情形（国家级折戟，省级获批）属于正常情形，按照要求处理即可。对于第二种情况，国家级和省级同时获批，说明运营主体申报内容齐备，应依据“就高不就低”原则。对于第四种情况，即国家级获批而省级未通过，容易引发审核标准“倒挂”，虽属于极端情况，但也不是不可能。因此，证监局与投保局事先做好沟通非常有必要。笔者认为，为体现基地建设和运营的严肃性，宜考虑申报层次、路径和相关顺序，通过各种方式明确“同一运营主体不得就同一内容同时申报国家级和省级基地”。在规定出台前，各证监局和投保局可统一“窗口指导”口径。

（四）基地申报主体类型是否还会继续丰富

投教基地的类型多种多样，除以证监会系统单位为运营主体（沪深交易所、中国证券协会、中国期货业协会、中国证券投资基金业协会以及全国股转公司等）的国家级基地外，主要有以下几类：第一类是以监管对象为运营主体，例如，证券期货基金经营机构、上市公司、新三板公司、投资咨询公司、私募基金机构及公募基金第三方独立代销机构等。第二类是以传统媒体和新型媒体为运营主体。例如，支付宝旗下蚂蚁金服以及湖南芒果超媒等。第三类是以各地政府管委会或地方政府为运营主体,例如,北京基金小镇、山东省威海市环翠区金融商圈等。第四类是以大专院校为运营主体,例如,河南财经政法大学为建设主体并联合中原证券、中原期货共同设立,浙江金融职业学院单独运营等。可以预计,未来基地运营主体的类型还会继续丰富,但总体还是以证券期货基金经营机构为主,以第四批获批的国家级基地为例,18 家国家级基地运营主体中,证券公司 12 家,期货公司 1 家,基金公司 1 家,占比为 78% 。

(五)基地申报命名趋势是否继续趋紧

从目前来看,投教基地授牌确实存在趋严态势,如运营实体基地的证券期货经营机构申报互联网基地双基地以及新型媒体申报均被否。究其原因,笔者认为主要有以下两种考虑:一是要切实加强实体基地建设,让投资者看得见、摸得着、找得到。对于互联网基地来说,目前存在内容同质化等问题,为了避免形式主义,需要加强“入口关”。笔者浏览过多家互联网基地公众号,每篇文章点击率都不高。二是针对已有实体基地,另行申报互联网基地的市场主体尤其是执行分类评价的证券公司,考虑到双基地加分对其他单基地或无基地证券公司可能不公平。更重要的是,实体基地完全可以附加电子智能和网络辅助手段增强投教宣传工作的多样性和有效性,无须再另行设立基地。

(六)“投教基地”字样是否为证监会系统专属

历次申报均有申报主体咨询,在证监会授牌之前运营主体能否使用“投教基地”字样?笔者认为,“投教基地”并非专属词语,任何机构均可正常使用。一是投保局履行完审核、专家评审以及公示等系列程序后对申报主体进行授牌,仅仅表明该主体在投资者教育方面规范程度高,符合官方要求并得到认可。二是投教基地既不是荣誉,也不是招牌,而是责任。资本市场经营主体尤其是证券类经营主体,很多都会在年报中专章阐明社会责任内容,而设立投教基地正是经营机构履行社会责任的表现形式之一。不可否认,投教基地对外开展活动过程中,虽然不得展示运营主体的 Logo 和推销产品,但“投教基地”字样前的运营主体名称,本身就是正当宣传。三是还需要强调的是,证监会授牌并不是行政许可及类行政许可行为,投教基地牌匾和证书只能证明在投资者保护方面更为专业,任何运营主体和个人均不得利用上述资料进行业务推广或招揽顾客。这一点,笔者在公益性原则方面已有明确阐述。

(七)基地申报命名频率是否一成不变

按照《指导意见》和《监管指引》规定,投保局每年均可启动投教基地申报命名工作,但从过去几年的实践来看,基地每两年申报命名一次成为惯例,理论上不排除未来会加快频率的可能。但笔者认为,基地申报命名涉及诸多环节,从启动到授牌至少半年以上,耗费人力、物力资源较多。加之前几批申报已将大部分有实力、有强烈社会责任和有意愿的运营主体收入麾下,审核标准越来越严,申报主体会越来越少,每年开展一次并不现实。应当将工作重点逐渐转入到对存量投教基地的日常监管和正确引导中来。笔者认为,可以从以下几个方面进行考虑。

一是在对基地进行充分评估的基础上,对基地进行不同纬度的分类。例如,按运营主体划分,经营机构类和其他类型的主体对于年度考评优良需求度不同。按擅长领域划分,比如,按内容和渠道划分。按基地的层级进行划分,比如,国家级基地承担更多的推动投教纳入国民教育的责任,对省级基地则不作强制性要求。二是引导基地良性"退出"而非一劳永逸。如个别基地基本处于停滞状态,年度考核三大重要板块(开发原创投教产品、开展专项宣传活动以及推动投教纳入国民教育)均无贡献,宜引导退出。三是统筹不同监管部门和自律性组织的投保活动,避免基地应接不暇,一颗"钉子",多个"锤子",开展某个专项活动,基地尤其是证券经营机构类基地需要对接证监局、中证协、交易所、投保基金公司、中基协以及全国股转公司,分别按照不同口径报送总结。

(八)投教基地和金融教育示范基地如何联学联建

人民银行系统牵头的金融监管协调沟通机制运行通畅,两类基地今后在各个层面如何联手开展工作,笔者可从以下几个方面循序渐进推进。一是共同推进金融(投资者)知识纳入国民教育体系。人民银行系统建设"金融教育示范基地",银保监会系统力推"金融知识读本",银保监局在西城区宏庙小学加挂"实践基地"牌子,北京证监局推进"财商教育"进小学。目前地方教育管理部门积极性不高,期待在人民银行系统的前头推动下获得突破。二是两类基地建立相关共享资源的机制。人民银行营管部推动工商银行和建设银行在京部分网点申报辖区国家级金融教育示范基地,可与人民银行营管部开展联学联建活动,考虑目前金融教育示范基地处于起步阶段,平台数量较少,可以根据对等原则,各自选取几家具有特色的基地作为联建试点,形成跨领域的投教合力。三是两类基地可互相加挂对方授牌。同一机构、两类基地的模式既节约资源,又能方便投资者(金融消费者)获得"一站式"服务。实践中已有样本,近日,国信证券白沙泉国家级投教基地向人民银行申报首批省级金融教育示范基地并获授牌。两类基地加强沟通联系,共享平台资源,形成宣传合力,对于投资者(金融消费者)保护工作来说,事半功倍。

(九)申报不同层级的基地原则上是否应当考虑先后衔接

当投教基地数量即将跨越200家大关,如何指导各证监局利用基地保质保量开展投保工作,如何做好日常监管和年度考核,确实是一项系统性工程。在基地数量已足够多的情况下,如何精细化管理提上议事日程。目前,申报主体可以根据实际情况决定申报省级或国家级基地,未来,申报指引标准和流程是否发生较大幅度调整,要不要明确申报主体原则上应当先申报省级基地,至少运营一段时间后才能申报国家级基地,值得思考。笔者认为,可以从基地建设定位和目标进行研究,基地建立目的是为投资者提供“一站式”获取证券期货知识服务,在监管职责方面也是以辖区监管为主。从这个角度出发,无论是省级基地还是国家级基地,层次本身并不影响开展投保工作。部分运营主体追求申报国家级基地,主要有证券经营机构分类评价加分、运营主体品牌效应以及工作绩效考核等方面的现实考虑,基于目前存在个别省级基地未按要求开展工作但又不愿主动摘牌的情况,可以考虑除特殊情况外,申报国家级基地原则上先申报省级,待运营一段时间(1年左右)合格后可申报国家级基地。

(十)鼓励运营主体积极申报和严把入口关如何平衡

证监会发布申报指引均会受到市场内外极大关注,咨询者踊跃,提交材料者众多。但是要清醒地看到,投教基地运营需要持续投入大量人力物力且不得有任何营利性行为,运营主体申报动机和目的需要结合多方因素综合研判并深入分析,严把甄别关和审核关。要不失时机向运营主体“泼冷水”,督促其明确自身定位,充满热情的同时也要保持冷静。对于营利导向强烈的经营主体,要结合日常监管情况尤其是投诉举报事项进行综合分析,避免“带病申报”。北京证监局一直靠前服务,既充分挖掘辖区愿意投身公益事业的基地资源,做好解惑释疑等工作,也态度坚决反对利用基地授牌牟利。

作为资本市场开展投资者教育的公益性平台,投教基地凭借其权威、灵活、专业及公益等特点,辅以运营主体支持、监管部门扶持等优势,在为投资者提供便捷投教服务方面发挥了重要作用,尤其在推动投资者教育纳入国民教育体系方面充分展示了其他平台无法替代的优势。实践表明,投教基地在资本市场投资者保护工作中已经闯出门道,打出品牌,希望继续树立标杆,引领潮流,持续为投资者提供优质服务,为资本市场稳定健康发展添砖加瓦。

征稿启事

中证中小投资者服务中心(以下简称投服中心)是由中国证监会批准设立并直接管理的证券金融类全国性公益机构。《投资者》是投服中心主办、拟向社会公开连续出版的综合性出版物。宗旨是维护投资者权益,为投资者提供保护与服务。

《投资者》以法学领域探究为侧重点,展现国内外投资者权益保护的最新理论与实务动态,内容以境内为主,境外为辅;以实践为主,理论为辅。分为"政策解读""理论探究""公司治理""市场实务""投教园地""案例探析""域外视野"等部分,每辑根据实际情况作适当调整。

《投资者》拟每季度出版1辑,全年出版4辑。

一、征稿范围

涉及法学、经济学及其他领域,与投资者尤其是中小投资者及其权益保护相关的理论和实践性作品。要求未曾公开发表或主体部分未曾公开发表。

二、投稿须知

1. 文章应当论点鲜明、逻辑严谨、可读性强、贴近市场,具有学术深度和实践应用价值,字数在8000~10,000字为宜,特别优秀的理论文章字数不限。

2.《投资者》编委会保留对来稿进行文字性和技术性修改的权利。除作者特别说明外,其文章均为个人观点,与其所在单位、职务无关;不代表投服中心观点,文责由作者自负。

3. 来稿请附上作者的姓名、单位或学校、职称或职务、通信地址、邮编、电话、电子邮箱。

4. 请将Word文件发送至电子邮箱:tzzbjb@ isc. com. cn。文章应符合国家著作权规定、学术规范及《投资者》编辑体例要求。

5. 来稿一经录用,编委会将及时通知作者;选用后将根据文章质量及字数从优支付稿酬,并奉送样书。北大法宝法学期刊数据库全文收入本书。

6. 联系人:王昕宸　　电话:021－60290646

地址:上海市浦东新区世纪大道 1701 号钻石大厦 B 座 11 楼中证中小投资者服务中心《投资者》编委会,邮编:200122。

投服中心

《投资者》编委会

2021 年 11 月

编辑体例

一、标题：宋体四号字，加粗，居中。

二、作者：宋体小四号字，居中，并用上标星号（＊）作为介绍作者脚注的标志，在脚注中注明作者工作单位、职务、职称。如有两名作者，第二名作者用两枚上标星号（＊＊），以此类推。

三、摘要、关键词：中文摘要200字以内、关键词3～5个。

四、正文：宋体小四号字，首行缩进，行距1.5倍。区分标题和要点，标题层级依次为“一、……”“（一）……”“1. ……”“（1）……”要点层级依次为“1. ……”“（1）……”“①……”一级标题采用小四号字体加粗；二级标题采用黑体小四号字不加粗；三级标题宋体小四号字，不加粗。引用具体法律文件应加书名号，如《证券法》《上市公司重大资产重组管理办法》。法条序号（第×条、第×款、第×项）、时间（世纪、年代、年月日等）、数量金额等用阿拉伯数字，但直接引用原文的从原文。

五、注释：一律采用脚注，全文每页重新编号，注码放标点之后，注码符号为“①②③……”非引用原文的，注释前加“参见”；引用资料非原始出处的，注明“转引自”；宋体五号字。

常见注释示例如下：

1. 著作类

（独著作品）费孝通：《乡土中国》，人民出版社2015年版，第134～135页。

（合著作品）范健、王建文：《商法的价值、源流及本体》，中国人民大学出版社2007年版，第10页。

（多人合著作品）左卫民等：《中国基层司法财政变迁实证研究（1949—2008）》，北京大学出版社2015年版，第88页。

（编辑作品）何勤华编：《律学考》，商务印书局2004年版，第65～67页。

(中文译著作品)[英]洛克:《政府论》(上篇),瞿菊农、叶启芳译,商务印书局1982年版,第15~16页。

(台港澳作品)王泽鉴:《人格权法》,台北,三民书局2012年版,第15页。

(间接引用文献)参见王泽鉴:《民法学说与判例研究》,北京大学出版社2009年版,第108页。

2. 期刊论文类

(期刊)闫召华:《概率原理在犯罪嫌疑人摸排中的应用》,载《中国人民公安大学学报(社会科学版)》2013年第5期。

(论文集)尹田:《法国合同责任的理论与实践》,载梁慧星主编:《民商法论丛》第3卷,法律出版社1995年版。

(学位论文)雷丽清:《中美内幕交易罪比较研究》,华东政法大学2012年博士学位论文,第12页。

3. 报纸类

陈甦、陈洁:《投服中心持股行权:理念创新与制度集成》,载《上海证券报》2017年1月4日,第7版。

4. 古籍类

《清实录》卷一四六。

5. 辞书类

《牛津法律大词典》,光明日报出版社1988年版,第99页。

6. 网络类

汪波:《哈尔滨市政法机关正对"宝马案"认真调查复查》,载人民网2004年1月10日,http://www.people.com.cn/GB/shehui/1062/2289764.html。

单素华:《证券纠纷特别代表人诉讼相关程序性法律问题分析》,载新华网,http://www.xinhuanet.com/finance/2020-09/04/c_1126452998.htm。

7. 裁判文书

北京市海淀区人民法院民事判决书,(2018)京0108号民初142号。

8. 外文著作类

Richard H. Thaler, *Misbehaving: The Making of Behavioral Economics*, W. W. Norton & Company, 2015, p. 6.

9. **外文期刊类**

Forrest Briscoe and Katherine C. Kellogg, *The Initial Assignment Effect*: *Local Employer Practices and Positive Career Outcomes for Work-Family Program Users*, 76 American Sociological Review,292(2011).

10. **外文案例类**

Greebel v. FTP software,Inc. ,194 F. 3d 185(1st Cir. ,1999).

11. **外文网站类**

Stephen McDonell,*When China Began Streaming Trials Online*,BBC News(Sept. 30,2016),https://www. bbc. com/news/blogs-china-blog - 37515399.